Unternehmens-Ökosysteme

AF172747

Christian Erk · Christoph Müller

Unternehmens-Ökosysteme

Gemeinsam Nutzen stiften

Christian Erk
HBM Unternehmerschule
Universität St. Gallen
St. Gallen, Schweiz

Christoph Müller
HBM Unternehmerschule
Universität St. Gallen
St. Gallen, Schweiz

ISBN 978-3-658-35358-2   ISBN 978-3-658-35359-9   (eBook)
https://doi.org/10.1007/978-3-658-35359-9

Die Deutsche Nationalbibliothek verzeichnet diese Publikation in der Deutschen Nationalbibliografie;
detaillierte bibliografische Daten sind im Internet über http://dnb.d-nb.de abrufbar.

© Der/die Herausgeber bzw. der/die Autor(en), exklusiv lizenziert durch Springer Fachmedien Wiesbaden GmbH, ein Teil von Springer Nature 2021
Das Werk einschließlich aller seiner Teile ist urheberrechtlich geschützt. Jede Verwertung, die nicht ausdrücklich vom Urheberrechtsgesetz zugelassen ist, bedarf der vorherigen Zustimmung des Verlags. Das gilt insbesondere für Vervielfältigungen, Bearbeitungen, Übersetzungen, Mikroverfilmungen und die Einspeicherung und Verarbeitung in elektronischen Systemen.
Die Wiedergabe von allgemein beschreibenden Bezeichnungen, Marken, Unternehmensnamen etc. in diesem Werk bedeutet nicht, dass diese frei durch jedermann benutzt werden dürfen. Die Berechtigung zur Benutzung unterliegt, auch ohne gesonderten Hinweis hierzu, den Regeln des Markenrechts. Die Rechte des jeweiligen Zeicheninhabers sind zu beachten.
Der Verlag, die Autoren und die Herausgeber gehen davon aus, dass die Angaben und Informationen in diesem Werk zum Zeitpunkt der Veröffentlichung vollständig und korrekt sind. Weder der Verlag noch die Autoren oder die Herausgeber übernehmen, ausdrücklich oder implizit, Gewähr für den Inhalt des Werkes, etwaige Fehler oder Äußerungen. Der Verlag bleibt im Hinblick auf geografische Zuordnungen und Gebietsbezeichnungen in veröffentlichten Karten und Institutionsadressen neutral.

Planung/Lektorat: Ulrike Lercher
Springer Gabler ist ein Imprint der eingetragenen Gesellschaft Springer Fachmedien Wiesbaden GmbH und ist ein Teil von Springer Nature.
Die Anschrift der Gesellschaft ist: Abraham-Lincoln-Str. 46, 65189 Wiesbaden, Germany

Geleitwort

In der Wirtschaft lässt sich eine Art Paradigmenwechsel beobachten. Einstmals isolierte oder gar konkurrenzierende wirtschaftliche Akteure formen unterschiedliche Spielarten einer spezifischen Form von Wertschöpfungssystem, das ihnen überlegene Nutzenstiftung ermöglicht. Diese Wertschöpfungssysteme werden als „(Unternehmens-)Ökosysteme" bzw. „(Business) Ecosystems" bezeichnet. Entsprechend könnte man sagen, dass wir uns einer zunehmenden „Ökosystemisierung" gegenübersehen. Um die Vorteile nutzen zu können, die sich aus der strategischen Option des Aufbaus und Betriebs eines Ökosystems oder der Teilnahme an einem Ökosystem ergeben, bedarf es jedoch eines vertieften Verständnisses dafür, was genau ein Ökosystem ist.

Vor diesem Hintergrund haben wir uns an der Henri B. Meier (HBM) Unternehmerschule der Universität St.Gallen das Konzept „Ökosysteme" als Beschäftigungsobjekt herausgesucht, um dieses im Rahmen einer Reihe inhaltlicher Sprints aus wissenschaftlicher Sicht systematisch aufzubereiten und integrativ darzustellen. Dies geschah zum einen durch die Auseinandersetzung mit und Integration einschlägiger Quellen und zum anderen durch die Beschäftigung mit Ökosystem-Beispielen aus der unternehmerischen Praxis. Ein wesentliches Resultat dieser Bemühungen war eine grosse Übersichtsgrafik in Form einer Mindmap.

Im Zuge unserer Diskussionen konnten wir feststellen, dass die theoretischen Grundlagen für Ökosysteme sehr gut mit den Grundlagen unseres St.Galler Verständnisses von Management bzw. Unternehmensführung übereinstimmen. Das Systemdenken und die Analogien zur Kybernetik von Hans Ulrich sind auch für dieses aktuelle Thema weiterhin essenziell. Dies gilt auch für eine aktuelle Weiterentwicklung des systemischen Managementansatzes durch den Stiftungsratspräsidenten der HBM Unternehmerschule, Peter Gomez, und sein mit Mark Lambertz und Timo Meynhardt verfasstes Werk „Verantwortungsvoll führen in einer komplexen Welt".

An der HBM Unternehmerschule begreifen wir Unternehmertum als einen Prozess, der gelehrt, gelernt und auch erfolgreich angewendet werden kann. Dieser Prozess umfasst gleichgewichtig sachlogische wie auch sozio-psychologische Gestaltungsdimensionen auf der Ebene des Unternehmens wie auch des Individuums. Dieses Verständnis von Unternehmensführung und -entwicklung ist auch für die Konzeption, Gestaltung und Führung von Ökosystemen von grosser Relevanz. Denn auch hier geht es darum, eine Vielzahl von voneinander unabhängigen wirtschaftlichen Akteuren – im Falle von Ökosystemen primär Unternehmen statt Individuen – hinter einem gemeinsamen Nutzenversprechen für ihre Kunden zu versammeln und dieses – zumeist mittels einer gemeinsamen Plattform – kooperativ einzulösen.

Es freut mich deshalb, dass meine beiden Kollegen an der HBM Unternehmerschule, Christian Erk und Christoph Müller, gemeinsam das vorliegende Buch auf Grundlage unserer gemeinsamen Diskussionen und Mindmap verfasst haben.

Der Einsatz des vorliegenden Buches in den Weiterbildungsprogrammen der HBM Unternehmerschule sowie beim Aufbau unseres Schweizer Gesundheits-Ökosystems wird sicher zu fruchtbaren Diskussionen mit Ihnen, geschätzte Leserschaft, führen.

Thomas Gutzwiller
Direktor der HBM Unternehmerschule

Zusammenfassung

Unternehmens-Ökosysteme („Business Ecosystems") entfalten derzeit ihre transformative Wirkung auf viele etablierte Bereiche der Wirtschaft. Angesichts dieser Entwicklung besitzt das Verständnis dafür, wie sich solche Wertschöpfungsnetzwerke aufbauen und orchestrieren lassen, nicht nur in theoretischer Hinsicht, sondern vor allem auch in praktischer Hinsicht eine große Bedeutung. Denn Unternehmens-Ökosysteme stellen ein Instrument dar, um spezifische und komplexe Kundenbedürfnisse auf kooperative Weise in überlegener nutzenstiftender Form zu befriedigen.

Dieses Buch bietet einen integrierenden Rahmen für das Verständnis des Konzepts (plattformbasierter) Unternehmens-Ökosysteme. Es analysiert Wesen und Zweck von Ökosystemen, legt dar, wann der Aufbau von Ökosystemen eine sinnvolle Strategie darstellt und beschreibt im Sinne praktischer Handlungsanregungen die Grundlagen, wie sich Ökosysteme erfolgreich gestalten und nachhaltig entwickeln lassen.

Inhaltsverzeichnis

1

Was ist ein Unternehmens-Ökosystem?

Zusammenfassung Um ein Unternehmens-Ökosystem aufbauen und gestalten zu können, bedarf es zunächst eines Verständnisses dafür, was genau ein Unternehmens-Ökosystem ist. Entsprechend entwickelt das vorliegende Kapitel eine Definition dieser spezifischen Form der Wertschöpfungserbringung und macht seine Leser mit den beiden grundlegenden Typen von Unternehmens-Ökosystemen vertraut. Diese zielen im Kern entweder auf eine innovative Lösung oder eine effiziente Transaktion ab. In Ergänzung dazu führt es eine Reihe von Beispielen für Ökosysteme an, die von KMU, also kleinen bzw. mittleren Unternehmen, aus dem deutschsprachigen Raum aufgebaut werden.

Ökosysteme bzw. Unternehmens-Ökosysteme stellen eine innovative Form der Organisation unternehmerischer Aktivitäten dar. Entsprechend ist es nicht verwunderlich, dass sich dieses Konzept einer ungebrochen hohen Aufmerksamkeit bei Managern, Forschern und Beratern erfreut. Gemäß einer Studie von Fuller et al. (2019) taucht der Begriff „ecosystem" heute 13mal häufiger in Geschäftsberichten auf als noch vor zehn Jahren. Dies liegt vor allem auch daran, dass nicht wenige der über die letzten Jahre erfolgreichen Unternehmen öko-

© Der/die Autor(en), exklusiv lizenziert durch Springer Fachmedien Wiesbaden GmbH, ein Teil von Springer Nature 2021
C. Erk und C. Müller, *Unternehmens-Ökosysteme*,
https://doi.org/10.1007/978-3-658-35359-9_1

systembasierte Wettbewerbsstrategien verfolgen und damit auch als Neueinsteiger in bestehenden Märkten den etablierten Unternehmen den Rang streitig machen.

Sein Status als „Buzzword" ist aber leider keine Garantie dafür, dass der Inhalt des Konzepts „Unternehmens-Ökosystem" in seiner Tiefe denjenigen, die es wie selbstverständlich nutzen, ebenso selbstverständlich bewusst ist. Vielmehr läuft ein Konzept durch häufigen Gebrauch Gefahr, an konzeptioneller Schärfe und Klarheit zu verlieren. Dass diese Gefahr mittlerweile Realität geworden ist, wird unter anderen von Lechner und Dexheimer (2019, S. 38) bestätigt, wenn sie konstatieren, dass „die Wirtschaftspresse den Begriff ‚Ökosystem' mittlerweile so inflationär (verwendet), dass unklar ist, was konkret dahintersteht". Es scheint, „als ob alle Initiativen, bei denen zwei Unternehmen kooperieren, als Business Ökosystem bezeichnet werden" (Lewrick, 2021, S. 44).

Je weiter ein Konzept Verbreitung findet und je mehr Personen über es sprechen, desto wichtiger ist es also, es in seinen Dimensionen greif- und verstehbar zu erhalten und durch klare Definition abzugrenzen, was von ihm erfasst wird und was nicht. Auch wenn es modern und innovativ klingt, so ist nicht jede Zusammenarbeit zweier Unternehmen und nicht jede Kombination komplementärer Teilleistungen ein Ökosystem. Um der begrifflichen Inflation vorzubeugen, sollten vielmehr nur die Konstrukte als Ökosysteme bezeichnet werden, die auch wirklich Ökosysteme sind. Es bedarf also begrifflicher Klarheit. Das vorliegende Buch nimmt sich dieser Aufgabe mit Blick auf das Konzept „Ökosystem" an. Es bietet seinen Lesern einen integrierenden Rahmen für das Verständnis des Konzepts (plattformbasierter) Unternehmens-Ökosysteme. Es analysiert Wesen und Zweck von Ökosystemen, legt dar, wann der Aufbau von Ökosystemen eine sinnvolle Strategie darstellt und beschreibt, worauf zu achten ist, wenn man Ökosysteme erfolgreich gestalten und nachhaltig entwickeln möchte. Auch wenn es praktische Hinweise enthält, so ist das vorliegende Buch kein „Playbook" oder Leitfaden, das einen Canvas enthält, mithilfe dessen eine Unternehmens-Ökosystem Schritt für Schritt designed werden kann. Sein wesentliches Anliegen besteht in der inhaltlichen Schärfung des Ökosystem-Begriffs und seiner Dimensionen – damit auf dieser

Basis eine bessere Praxis möglich wird. Was ist also – so die nachfolgend zu klärende Frage – dieses etwas, das wir gemeinhin „Ökosystem" bzw. „Unternehmens-Ökosystem" nennen?

1.1 Definition und Typen von Ökosystemen

Der Begriff „Ökosystem" hat seinen Ursprung in der Biologie. Er wurde in schriftlicher Form das erste Mal in den 1930er Jahren vom britischen Botaniker Arthur Tansley verwendet, um eine Gemeinschaft von Organismen zu beschreiben, die miteinander und mit ihrer Umgebung interagieren (vgl. Tansley, 1935). Um zu gedeihen, konkurrieren und kooperieren diese Organismen miteinander um die verfügbaren Ressourcen, entwickeln sich gemeinsam weiter und passen sich gemeinsam an externe Störungen an.

Der Begriff des natürlichen Ökosystems als „Beziehungsgefüge der Lebewesen untereinander und mit ihrem Lebensraum" (Schaefer, 2012) wurde von James F. Moore in seinem berühmten Artikel „Predators and Prey: A New Ecology of Competition" (1993) und seinem darauffolgenden Buch „The Death of Competition" (1996) auf die Strategiearbeit von Unternehmen übertragen. Das Anliegen von Moore war es, die Sichtweise auf die Strategiearbeit von Unternehmen zu verändern. Anstelle Unternehmen als solitäre Einheiten zu sehen, die im direkten Wettbewerb mit einzelnen anderen Unternehmen stehen, sollten sie vielmehr als Teil von aus einer Vielzahl von Unternehmen bestehenden Ökosystemen gedacht werden, die als Ökosystem im Wettbewerb mit anderen Ökosystemen stehen. Wie die in einem natürlichen Ökosystem verbundenen Lebewesen nur gemeinsam oder gar nicht überleben, so sind Unternehmen nur in und mit ihrem Unternehmens-Ökosystem erfolgreich: „Like an individual species in a biological ecosystem, each member of a business ecosystem ultimately shares the fate of the network as a whole, regardless of that member's apparent strength." (Iansiti & Levien, 2004b, S. 69) Zwischen den zu einem Unternehmens-Ökosystem zusammengeschlossenen Unternehmen bestehen symbiotische Beziehungen, die in ihrer Qualität die Beziehungen übersteigen, wie sie in klassischen Wertschöpfungsmodellen wie der Wertschöpfungskette (supply chain) oder auch des Wertschöpfungsnetzwerks zum Ausdruck kommen.

Im Hinblick auf die Generierung nachhaltiger strategischer Wettbewerbsvorteile ist aus ökosystemischer Sicht somit nicht mehr nur der Blick auf das einzelne Unternehmen und dessen Ressourcen- und Fähigkeitskonfiguration (resource-based view) sowie dessen Positionierung im Markt (market-based view) ausreichend. Wettbewerbsrelevant ist „die durch die Interaktionen zwischen diesen Unternehmen geschaffene, kollektive Ebene des Ökosystems" (Dexheimer & Lechner, 2019, S. 309).

Beispiel: Entwicklungspfad und Ausprägungsformen des Ökosystem-Denkens

Die Entwicklung des Ökosystem-Denkens von einem natürlichen, biologischen Ökosystem bis zu einem von Menschen gemachten Ökosystem, in diesem Fall am Beispiel des Gesundheitssektors, lässt sich anhand der folgenden zwei Abbildungen veranschaulichen. Anschliessend wird ergänzend noch ein Ökosystem-Modell sowie eine Übersicht von Akteuren/Playern in einem Ökosystem dargestellt. Damit soll verdeutlicht werden, welche weiteren Ausprägungsformen im „Kosmos" der Ökosystem-Literatur sich finden lassen.

Die Abbildung „Das biologische Ökosystem" (Eigene Aufnahme 2018) zeigt ein noch weitgehend unberührtes Ökosystem auf der philippinischen Insel Palawan im Südchinesischen Meer. Ein Ort ohne feste Straßen, ohne Elektrizität und ohne Internet. Der Dschungel mitsamt seinen Lebewesen ist noch einigermaßen unberührt bzw. nachhaltig bewirtschaftet, die Schildkröten lassen am Strand ihre Eier ausbrüten, die Menschen im Dschungel leben nach klaren Bewirtschaftungsregeln (Strand und Meer gelten als Allmende), welche die natürlichen Ressourcen im Gleichgewicht belassen. Das Ökosystem ist von daher stabil und nachhaltig. Trotzdem bestehen reale Gefahren für dieses Ökosystem: Der Dschungel könnte abgeholt und durch intensive Landwirtschaft ersetzt werden, statt Dschungel könnten Ferienresorts entstehen und die von China neu interpretierte Grenzziehung kurz vor der Küste könnte zur Überfischung und militärischen Konflikten führen. Das Ökosystem als Ganzes ist somit fortlaufend Gefahren ausgesetzt, die es nicht mehr aus sich heraus kompensieren könnte. Ökosysteme sind somit in der Natur wie in der Wirtschaft zwar in sich stabile Systeme, die aber stetig der Gefahr der Zerstörung oder der Substitution ausgesetzt sind. Deshalb kommen der weitsichtigen und nachhaltigen Nutzung bzw. Führung eines solchen Ökosystems eine zentrale Bedeutung zu. Für dieses tiefere Verständnis der Funktionsweise und Überlebensfähigkeit von Ökosystemen soll das vorliegende Buch eine Grundlage bieten.

Das biologische Ökosystem (Eigene Aufnahme 2018)

Die zweite Abbildung „Das plattformbasierte Schweizer Gesundheitsökosystem" stellt die digitale Zukunft des Schweizer Gesundheits-Ökosystems
aus Sicht des Gottlieb Duttweiler Instituts dar. Hervorstechend ist dabei
die Gruppierung der vier Dimensionen Konsumenten, Partner, Stakeholder und Leistungserbringer rund um die zentrale, digitale Plattform
für den Datenaustausch. Diese Ökosystem-Darstellung zeigt auf, was den
Kern eines solchen Ökosystems ausmacht, nämlich die digitale Plattform,
und betont dessen zentrale, die Ökosystempartner verbindende Funktion.
Damit ist an dieser Stelle noch nichts zum Umsetzungserfolg dieses Ökosystems gesagt. „Visionen" dieser Art sind im Gesundheitswesen nicht
neu, alleine die Umsetzung – national wie international (Stichworte wie
digitale Patientenakte oder Covid-Zertifikate) – stellt sich als große
Herausforderung dar. Entscheidend sind dabei zusätzlich zu den technologischen Fähigkeiten einer Plattform die Interaktionen zwischen den
Partnern eines solchen Ökosystems.

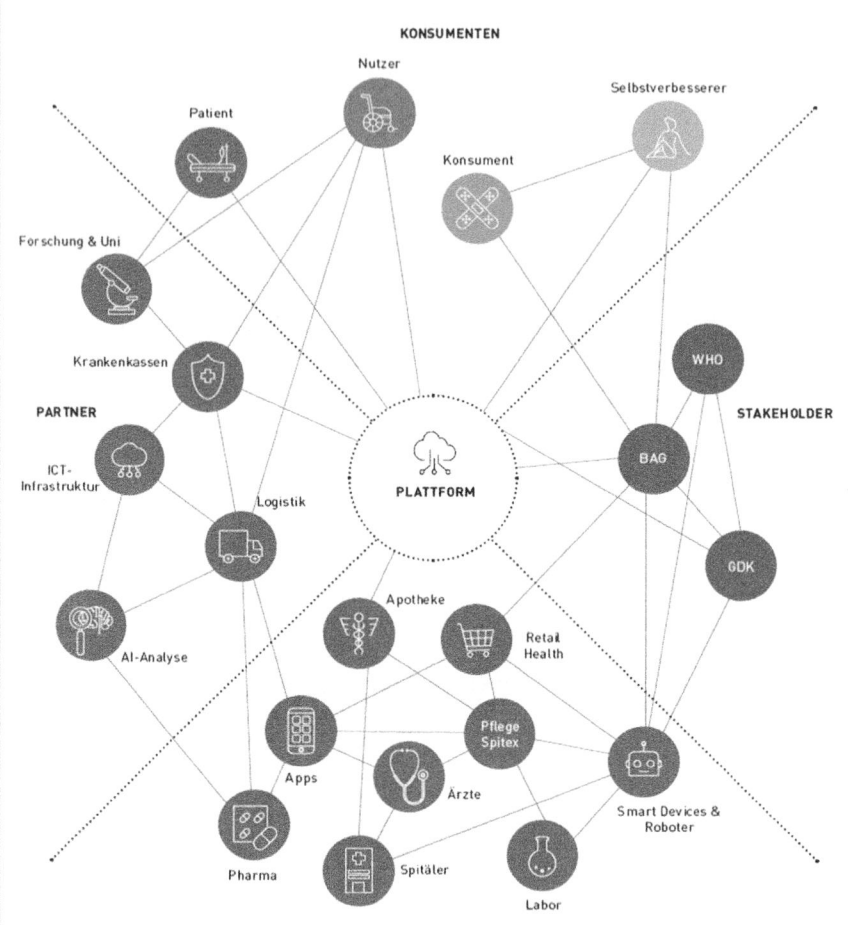

Das plattformbasierte Schweizer Gesundheitsökosystem (Frick et al., 2020, S. 47)

Die Abbildung „Domains of the Entrepreneurship Ecosystem" (Frick et al., 2020, S. 47) zeigt das Entrepreneurship Ecosystem–Modell des israelisch-amerikanischen Wissenschaftlers Daniel Isenberg. Dieses lässt sich für die Analyse als auch für die aktive Gestaltung eines Ökosystems für Start Ups und wachstumsorientierte (Scale Up) Jungunternehmen nutzen. Das Modell zeigt auf, dass sechs Dimensionen zielgerichtet zusammenspielen müssen, um das Ziel einer prosperierenden Start Up- und Scale Up-Landschaft zu erreichen: Politik, Finanzen, Kultur, unterstützende

Dienstleistungen, Humankapital und zugängliche Märkte. Die einzelnen Teilaspekte dieser Dimensionen können der Abbildung „Domains of the Entrepreneurship Ecosystem" (Isenberg & Onyemah, 2016, S. 62) entnommen werden. Bei eigenen Forschungen von einem der beiden Autoren dieses Buchs im Rahmen eines Projekts für die Schweizer Initiative Innosuisse hat sich gezeigt, dass die grundlegende Kultur, die (unternehmerischen) Werte und Normen eines Landes/einer Region, einen zentralen Einfluss auf die Ausgestaltung der weiteren fünf Dimensionen haben. Von daher ist es zwar relativ einfach, solch ein „ideales" Ökosystem zu skizzieren, aber relativ schwierig es „zum Fliegen" zu bringen. Isenbergs Modell zeigt aber im Gegensatz zum biologischen Ökosystem, dass hier bereits ein Orchestrator bzw. Initiator, sei er ein privater oder auch staatlicher Akteur, einen wichtigen Einfluss ausübt. Seitens staatlicher Akteure gibt es immer wieder Initiativen, ein regionales oder nationales Entrepreneurship-Ökosystem aufzubauen. Dafür muss der Orchestrator allerdings eine Vielzahl von Partnern gewinnen, einbinden und führen, um seine Vision Realität werden zu lassen. Deshalb sind dies jeweils sehr anspruchsvolle Projekte, denen nicht immer ein Erfolg beschieden ist.

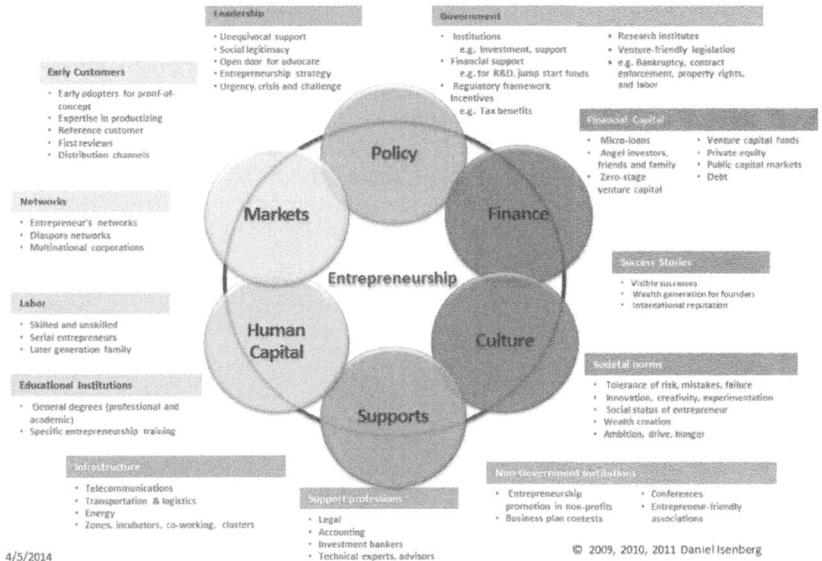

Domains of the Entrepreneurship Ecosystem (Isenberg & Onyemah, 2016, S. 62)

Die Abbildung „Swiss Startup Ecosystem Map" (Swiss ICT Investor Club, 2021) zeigt die Akteure/Player des Schweizer Tech Start Up – Ökosystems in einer Darstellung des „Swiss ICT Investor Club" und der Initiative

„digital switzerland". Dieses Ökosystem aus konkret benannten Akteuren, Unternehmen sowie weiteren privaten und öffentlichen Institutionen, ist wiederum eine Stufe spezifischer und konkreter ausformuliert als das Isenberg'sche Ökosystem-Modell. Die in diesem Ökosystem relevanten Akteure werden anhand von acht Dimensionen klassifiziert: Co-Working & Accelerators (Beschleuniger); Investoren und Stiftungen; Auszeichnungen und Unterstützung; Beratung und Coaching; Training; Forschung, Lehre und Transfer; Events und Netzwerkbildung; Informationsplattformen und Vereinigungen. Im Gegensatz zum Modell von Isenberg werden hier relevante Dimensionen wie Kultur, Markt, Politik, Humankapital nicht aufgeführt, dafür werden die unterstützenden Dienstleistungen stärker aufgegliedert und ein für Ökosysteme zentrales Element taucht auf, die Plattformen. Wobei es hier nicht um eine zentrale Plattform für die Tech Start Ups geht, sondern wie in einem föderalen System nicht anders zu erwarten, um über zehn verschiedene Plattformen. Dies kann aus Sicht der beteiligten Start Ups und Scale Ups durchaus zu Orientierungsproblemen führen und möglicherweise Einbußen bei der Schlagkraft des Ökosystems hervorrufen. So berichten Start Ups den Autoren dieses Buchs, dass sie angesichts der Vielfalt an möglichen Ansprechpartnern, den Überblick verlieren sowie die Qualität und Seriosität der Akteure nicht richtig einschätzen können. Denn diese sind wie häufig im Leben normalverteilt. Die meisten Akteure bieten seriöse und professionelle Leistungen an, einzelne stechen dabei besonders heraus, während einzelne weniger überzeugen oder gar nur eigene Interessen verfolgen. Dafür werden die Varietät und Kreativität des Ökosystems durch die Vielzahl an Akteuren gefördert. Dadurch steigt die Wahrscheinlichkeit, dass sich im Ökosystem schrittweise die leistungsfähigsten und vertrauenswürdigsten Akteure durchsetzen.

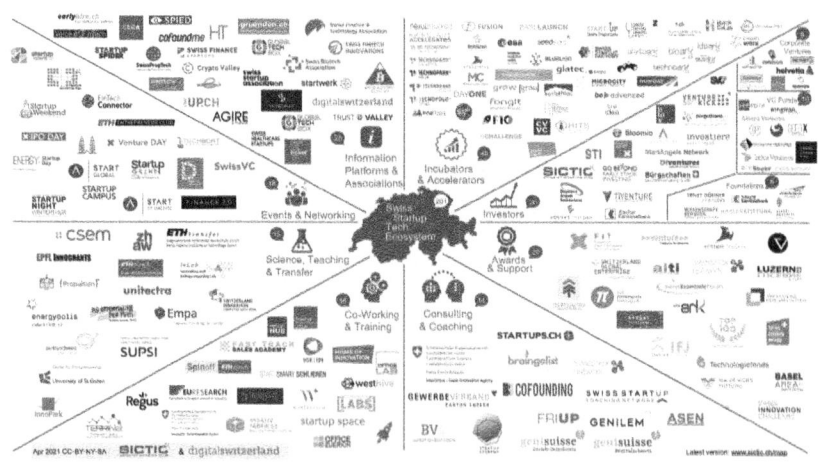

Swiss Startup Ecosystem Map (Swiss ICT Investor Club, 2021)

Wie der Name bereits andeutet, ist ein Unternehmens-Ökosystem zunächst einmal ein besonderer Typus von System. Als solches ist es – so die Definition des Begriffs „System" – „eine aus mindestens zwei miteinander in *Beziehung* stehenden *Elementen* gebildete, von ihrer *Umwelt* abgrenzbare, durch *Regeln* geordnete und *zweck*verantwortliche *Ganzheit*" (Erk, 2016, S. 80). Aufgrund ihres Wesens als Systeme können Unternehmens-Ökosysteme anhand der sechs in dieser Definition enthaltenen definitorischen Dimensionen beschrieben werden.

Besieht man sich die verschiedenen Definitionen, die seit dem Erscheinen des Artikels von Moore und angesichts des wachsenden Interesses an diesem Konzept in der Literatur vorgeschlagen worden sind (siehe hierzu auch nachstehende Infobox „Was sagt die Literatur?"), so zeigt sich, dass der Inhalt dieser Definitionen sich auf folgende drei Aussagen über Unternehmens-Ökosysteme reduzieren lässt, die jeweils eines oder mehrere Elemente der Systemdefinition adressieren:

- *Unternehmens-Ökosysteme als aus einzelnen **Elementen** bestehende **Ganzheiten,** die von ihrer **Umwelt** abgrenzbar sind:* Ein Unternehmens-Ökosystem ist eine aus einer Mehr- oder Vielzahl von rechtlich unabhängigen, aber vertraglich verbundenen Unternehmen bestehende Ganzheit, die als solche von ihrer Umwelt abgrenzbar sind.
- ***Zweck** verantwortung von Unternehmens-Ökosystemen:* Unternehmens-Ökosysteme sind auf die Realisierung einer bestimmten Art von Mission, einer sog. „geteilten Mission" („shared purpose") ausgerichtet, nämlich der Realisierung eines sog. „geteilten Nutzenversprechens" („joint value proposition").
- ***Ordnung** in den internen **Beziehungen** von Unternehmens-Ökosystemen:* Um die gemeinsame Mission erfüllen zu können bedarf es der „interdependent collaboration" (Adner, 2017, S. 44), d. h. der interdependenten Kollaboration der Mitglieder des Ökosystems. Diese Kollaboration ist nicht chaotisch und beliebig, sondern unterliegt den im Rahmen der sog. Ökosystem-Governance („alignment structure") vom sog. „Orchestrator" des Ökosystems festgeschriebenen Regeln.

Diese drei Aussagen decken alle sechs Dimensionen der obigen Systemdefinition ab und beschreiben, was für ein besonderer Typus von System
Unternehmens-Ökosysteme sind. In ihrer Gesamtheit machen diese
drei Aussagen den eigentlichen Wesensgehalt des Konzepts „Unternehmens-Ökosystem" aus. Sie treffen grundsätzlich auf alle Unternehmens-Ökosysteme zu.

Was sagt die Literatur?

Die nachstehenden Zitate dienen dazu, einen zwar nicht vollständigen,
aber doch durchaus repräsentativen Überblick darüber zu vermitteln, was
die einschlägige wirtschaftswissenschaftliche Literatur meint, wenn sie von
einem „Unternehmens-Ökosystem" spricht:

- „In a business ecosystem, companies coevolve capabilities around a
  new innovation: they work cooperatively and competitively to support
  new products, satisfy customer needs, and eventually incorporate the
  next round of innovations." (Moore, 1993, S. 76)
- „An economic community supported by a foundation of interacting
  organizations and individuals (...). This economic community produces
  goods and services of value to customers, who are themselves members
  of the ecosystem. The member organizations also include suppliers,
  lead producers, competitors, and other stakeholders. Over time, they
  co-evolve their capabilities and roles, and tend to align themselves with
  the directions set by one or more central companies. Those companies
  holding leadership roles may change over time, but the function
  of ecosystem leader is valued by the community because it enables
  members to move toward shared visions to align their investments and
  to find mutually supportive roles." (Moore, 1996, S. 26)
- „A business ecosystem is a business network, which is formed by large,
  loosely connected networks of entities, that interact with each other in
  complex ways, and the health and performance of a firm is dependent
  on the health and performance of the whole." (Iansiti & Levien, 2004a)
- „A business ecosystem is made up of interdependent firms using
  common standards and collectively providing goods and services to
  their customers." (Teece, 2018, S. 151)
- „Ecosystems are dynamic and co-evolving communities of diverse actors
  who create and capture new value through increasingly sophisticated
  models of both collaboration and competition." (Kelly, 2015, S. 5)
- „The ecosystem is defined by the alignment structure of the multilateral set of partners that need to interact in order for a focal value
  proposition to materialize." (Adner, 2017, S. 42)
- „The broad term ecosystem has been frequently used to describe a
  community of interacting firms that and individuals who co-evolve
  their capabilities and roles, and tend to align themselves with the

directions set by one or more central companies. In the context of platform competition, platform ecosystems refer to the platform and its network of complementors that produce complements to enhance platform value." (McIntyre & Srinivasan, 2017, S. 143)

- „Borrowed from biology, the term ecosystem generally refers to a group of interacting firms that depend on each other's activities." (Jacobides et al., 2018, S. 2256)
- „Simply put, an ecosystem encompasses a set of actors that contribute to the focal offer's user value proposition. The offer could be a product or a service, designed with or without a platform-based technological architecture." (Kapoor, 2018)
- „We define ecosystems as groups of firms that produce products or services that together comprise a coherent solution." (Hannah & Eisenhardt, 2018, S. 3164)
- „Als Ökosystem bezeichnen wir innovative Nutzenversprechen, die durch komplementäre Aktivitäten von Unternehmen, die eigenständig am Markt operieren, realisiert werden." (Dexheimer & Lechner, 2019, S. 308)
- „Ein Ecosystem besteht […] aus einer Gruppe von Unternehmen, welche zwar rechtlich autonom, aber dennoch voneinander abhängig sind. Das übergeordnete Ziel liegt in der Realisierung eines gemeinsamen Werteversprechens, welches von keinem Akteur alleine erfüllt werden kann. Es kann nur durch die symbiotischen Wechselwirkungen im Ecosystem und der damit einhergehenden Gesamtheit von Ressourcen und Kompetenzen erreicht werden." (Kastl, 2019, S. 66)
- „The basic idea behind a business ecosystem is a partnership between three or more companies that results in a service offering that none of the parties would be able to offer alone." (Gackstatter et al., 2019)
- „Unternehmens-Ökosysteme sind eine Organisationsform, die eine auf ein geteiltes Nutzenversprechen ausgerichtete, koordinierte Zusammenarbeit von unabhängigen, jedoch komplementären Akteuren ermöglicht und so einen Mehrwert schafft." (Müller-Stewens & Stonig, 2019, S. 374)
- „A business ecosystem is a dynamic group of largely independent economic players that create products or services that together constitute a coherent solution." (Pidun et al., 2019)
- „Business ecosystems are dynamically evolving communities of interdependent social and economic actors which interact through coordinated technologies, norms and rules to co-create and co-capture value in relation to a shared purpose permitting the alignment of their individual goals." (Burkhalter, 2020, S. 82)
- „Ein durchdachtes Business Ökosystem nutzt die Ressourcen aller zugänglichen und passenden Systeme und/oder relevanten Akteure, um einen Mehrwert für den Kunden und die Ökosystem-Partner zu schaffen." (Lewrick, 2021, S. 53)

Besieht man sich die Aufstellung der Ökosystem-Definitionen genauer, so zeigt sich, dass die drei oben erwähnten definitorischen Aussagen mit einer weiteren Aussage ergänzt werden können. Ökosysteme weisen üblicherweise ein viertes Merkmal auf, das im Gegensatz zu den obigen Aussagen jedoch keinen Muss-, sondern nur einen Kann-Charakter hat und damit optionaler Natur ist:

- Die der Realisierung der gemeinsamen Mission dienende Kollaboration der Mitglieder eines Ökosystems erfolgt üblicherweise gestützt auf eine sog. *Plattform.* Diese Plattform wird vom Orchestrator des Ökosystems bereitgestellt. Ist dies der Fall, ist das betreffende Unternehmens-Ökosystem ein sog. *plattformbasiertes Unternehmens-Ökosystem.*

Mit den vier bis zu dieser Stelle getätigten Aussagen sind bis auf die Komplementarität der Akteure praktisch alle in obigen Definitionen enthaltenen Aspekte abgedeckt. Die in gewissen Definitionen erwähnte Forderung der Komplementarität ist jedoch eine mehr oder weniger direkte Konsequenz der auf ein geteiltes Nutzenversprechen („joint value proposition") ausgerichteten Zweckorientierung von Unternehmens-Ökosystemen. Entsprechend wird sie zwar nachstehend behandelt, aber muss aber nicht zwingend Eingang in die Definition von Unternehmens-Ökosystemen finden. Wenn wir die obigen vier Aussagen zusammenfassen, so lässt sich das Konzept „Unternehmens-Ökosystem" wie folgt definieren:

Ein Unternehmens-Ökosystem („Business Ecosystem") ist ein aus einer Vielzahl von rechtlich unabhängigen Unternehmen bestehendes und sich dynamisch entwickelndes Wertschöpfungssystem, dessen Zweck in der – auf die Plattform des Ökosystem-Orchestrators gestützten – koordinierten Realisierung eines geteilten Nutzenversprechens („Joint Value Proposition") besteht.

Auch wenn die obige Definition zu implizieren scheint, dass Ökosystem gleich Ökosystem ist, so zeigt sich bei genauerem Hinsehen, dass

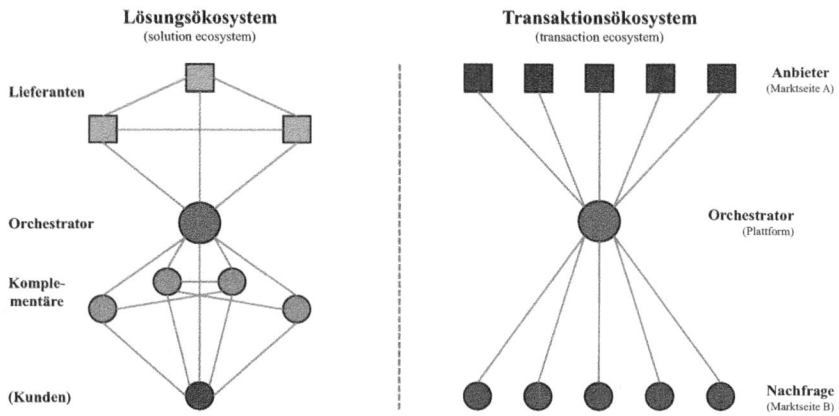

Abb. 1.1 Typen von Ökosystemen. (Eigene Darstellung auf Basis von Pidun et al., 2019)

es nicht nur einen Typus, sondern unterschiedliche Typen von Ökosystemen gibt. Wie in Abb. 1.1 dargestellt, lassen sich Ökosysteme auf einem Kontinuum zwischen einem stärker innovationsorientierten sog. „Lösungsökosystem" und einem stärker auf Austauschbeziehungen ausgerichteten sog. „Transaktionsökosystem" einordnen (vgl. Pidun et al., 2019, 2020; Cusumano et al., 2019).

- *Lösungsökosysteme* (solution ecosystems) koordinieren die Leistungen mehrerer Unternehmen um eine Kernleistung herum. Lösungsökosysteme dienen der koordinierten Bereitstellung und Weiterentwicklung eines aus komplementären Modulen bestehenden Leistungssystems durch verschiedene Produzenten. Solche Ökosysteme generieren Kundennutzen dadurch, dass sie einer Vielzahl von rechtlich unabhängigen Unternehmen ermöglichen, eigene mit einer Kernleistung kompatible Leistungen anzubieten. Entsprechend definiert Adner (2006, S. 98) diese Ökosysteme als „the collaborative arrangements through which firms combine their individual offerings into a coherent, customer-facing solution".

- *Transaktionsökosysteme* (transaction ecosystems) verbinden die Teilnehmer in einem zweiseitigen Markt[1] über eine (digitale) Plattform. Dieser Ökosystemtypus generiert dadurch Kundennutzen, dass er den Marktseiten die Interaktion untereinander und mit der anderen Marktseite ermöglicht. Transaktionsökosysteme sind „platformmediated markets, where users' interactions with each other are subject to network effects and are facilitated by a common platform provided by one or more intermediaries" (Eisenmann et al., 2011, S. 1270).

  Auch wenn sie üblicherweise zu Beginn zwei Marktseiten miteinander verbinden, können Transaktionsökosysteme auch mehr als zwei Marktseiten umfassen. Suchmaschinen wie z. B. Google verbinden nicht nur Angebot und Nachfrage miteinander, sondern binden in ihr Ökosystem zusätzlich noch Anzeigenkunden mit ein.

Typische Beispiele für Lösungsökosysteme sind z. B. Playstation, Microsoft Windows, Google Android, Apple iOS, Amazon Web Services oder Nespresso. Aber auch der Bauherr, der einen Generalunternehmer beauftragt, um für ihn ein kompliziertes Bauprojekt mit verschiedenen Gewerken und Anspruchsgruppen zu orchestrieren, nutzt ein Lösungsökosystem. Im Gegensatz dazu nutzt die Forscherin, die eine Reise – z. B. in das oben erwähnte Dschungel-Ökosystem – über eine Buchungsplattform wie Tripadvisor bucht, ein Transaktionsökosystem. Weitere bekannte Beispiele für Transaktionsökosysteme sind z. B. eBay, Alibaba, Uber, Airbnb, Tripadvisor, LinkedIn oder auch Mastercard.

Neben diesen idealtypischen Ökosystemen gibt es auch hybride Ökosysteme, also Mischformen, die Elemente eines Lösungs- und eines Transaktionsökosystems aufweisen.

Der Vollständigkeit halber sei noch erwähnt, dass in der Literatur neben Lösungs- und Transaktionsökosystemen nicht selten auch

---

[1] Wie auf allen Märkten kommen auch auf zweiseitigen Märkten zwei den Markt nutzende Gruppen zusammen, die typischerweise Angebot und Nachfrage genannt werden. Zweiseitige Märkte zeichnen sich jedoch gegenüber normalen Märkten dadurch aus, dass auf beiden Marktseiten Netzwerkkreuzeffekte (vgl. Abschn. 2.2.3) spielen.

Innovations- oder Wissensökosysteme als mögliche Typen von Ökosystemen aufgeführt werden. Diese sind vor dem Hintergrund der oben
gegebenen Ökosystemdefinition jedoch kein Ökosystem im eigentlichen Sinne des Wortes. Innovations- und Wissensökosysteme sind
insofern streng genommen nicht als Ökosysteme zu qualifizieren, da
ihr Zweck nicht darin besteht, ein geteiltes Nutzenversprechen für den
Kunden zu erbringen. Sie lassen sich treffender als kollaborative Netzwerke oder Cluster bezeichnen, in denen Aktivitäten stattfinden, die auf
die Förderung von Innovation und die Generierung von Wissen ausgerichtet sind.

- Der Zweck eines Innovationsökosystems besteht konkret darin, „to
  catalyse creativity, trigger invention and accelerate innovation across
  scientific and technological disciplines, public and private sectors
  (government, university, industry and non-governmental knowledge
  production, utilisation and renewal entities) and in a top-down,
  policy-driven as well as bottom-up, entrepreneurship-empowered
  fashion" (Carayannis & Campbell, 2009, S. 202 f.). Das „functional
  goal" eines Innovationsökosystems als eines spezifischen Typus
  von kollaborativem Netzwerk besteht darin, „to enable technology
  development and innovation" (Jackson, 2011, S. 2).
- In ähnlicher Weise sind Wissensökosysteme dazu da, „to create
  new knowledge in a pre-competitive setting" (Järvi et al., 2018,
  S. 1524): „Knowledge ecosystems have their main interest and
  outcome in creation of new knowledge through joint research work,
  collaboration, or the development of knowledge base." (Valkokari,
  2015, S. 18)

Der Großteil dieser Beschreibungen trifft in gewisser Hinsicht auch auf
Lösungs- und Transaktionsökosysteme zu. Ihre Fähigkeit zur Förderung
von Kreativität sowie Innovation und die Generierung von neuem
Wissen stellt sogar einen ihre Gesundheit und ihr Überleben beein-
flussenden Erfolgsfaktor dar; aber die Förderung von Kreativität sowie
Innovation und die Generierung von neuem Wissen ist in Lösungs-
und Transaktionsökosystemen nur ein Mittel zum Zweck und nicht
der Zweck selbst. Valkokari (2015, S. 20) betrachtet Innovationsöko-

systeme als Zwischenstufe zwischen Wissens- und den als Innovations-
oder Wissensökosystem ausgestalteten Unternehmens-Ökosystemen:
„Innovation ecosystems occur as an integrating mechanism between the
exploration of new knowledge and its exploitation for value co-creation
in business ecosystems." Im Rahmen dieses Buches wird der Begriff
„Ökosystem" entsprechend nur für Wertschöpfungssysteme verwendet,
deren Zweck in der koordinierten Realisierung eines geteilten Nutzenversprechens besteht.

1.2 Lösungs- und Transaktionsökosysteme – Ein Blick in die KMU-Praxis

Zur Veranschaulichung der beiden vorangehend vorgestellten Typen
von Ökosystemen werden nachfolgend drei lösungsorientierte Ökosysteme und zwei Transaktions-Ökosysteme vorgestellt. Anhand dieser
Beispiele wird deutlich, dass es bei der Klassifikation von Ökosystemen
weniger um eine „schwarz-weiß"-Betrachtung geht, sondern dass die
Übergänge zwischen den Arten von Ökosystemen fließend sind.

Die folgenden drei Beispiele handeln vom industriellen Internet der
Dinge („industrial internet of things"; IIoT). Dabei geht es im weiteren
Sinne um die Digitalisierung und Optimierung von industriellen
Produktionsprozessen unter Einsatz von Sensoren und Cloud
Computing-Lösungen. Dafür ist die Zusammenarbeit von unterschied-
lich spezialisierten Unternehmen im Rahmen eines Lösungsökosystems
erforderlich.

Lösungsökosystem-Beispiel 1: ADAMOS

Die DÜRR Gruppe aus Bietigheim-Bissingen feiert im Jahr 2021 ihr
125-jähriges Jubiläum. Groß geworden ist das Unternehmen u. a. als
Lackieranlagen-Spezialist für die Automobilindustrie. Heute ist das Unternehmen gleich auf zwei Feldern Weltmarktführer: Für Lackier-, Aus-
wucht-, Befüll- und Reinigungstechnik sowie durch das übernommene
Unternehmen Homag auch für Holzbearbeitungsmaschinen. Deswegen
bezeichnet sich DÜRR „als weltweit führender Anbieter von Systemen,
Dienstleistungen und Produkten mit ausgeprägter Kompetenz in der

Automatisierung und Digitalisierung/Industrie 4.0." (Dürr AG, 2021a).
Genau auf diesem Gebiet des „Internet of Things" hat DÜRR im Jahr
2017 gemeinsam mit weiteren Unternehmen ein „offenes Ökosystem"
ins Leben gerufen, das mittlerweile als eigene ADAMOS GmbH mit Sitz
in Darmstadt institutionalisiert ist (vgl. Dürr AG, 2021b; Adamos GmbH,
2021). Gründungspartner dieses Joint Ventures sind neben DÜRR noch
DMG MORI, Software AG, ZEISS und ASM. Dabei steht die Abkürzung
für ADAptive Manufacturing Open Solutions. Weitere Gesellschafter sind
mittlerweile KARL MAYER, ENGEL Austria und PWC Deutschland. Das
Netzwerk umfasst mehr als 30 Unternehmen. Diese werden als Partner
bezeichnet. Dazu zählen u. a. Weber, Mahr, Oerlikon, Illig, Mayer & Cie.,
Schlenker, Treif, Geico Taiki-Sha, Neuenhauser und Manz. Dazu kommen
die sogenannten Enabling & Research Partner, d. h. Partner für Beratung,
Implementierung, Connectivity und Forschung.

Der Zweck dieses lösungs- und innovationsorientierten Ökosystems ist
der Entwurf, die Weiterentwicklung, der Vertrieb und die Nutzung von
digitalen Lösungen für den Maschinen- und Anlagenbau mitsamt deren
Lieferanten und Kunden.

Dabei unterstützt ADAMOS die mitwirkenden Unternehmen bei
ihrer digitalen Transformation mit dem Netzwerk aus verschiedenen
Spezialisten, der IIoT-Plattform und den dazugehörigen Dienstleistungen.
Das erklärte Ziel ist es, das Ökosystem als Industriestandard aufzubauen
und zu etablieren. Für ein einzelnes Unternehmen ist es viel zu ressourcen-
aufwendig und komplex, selbst eine solche Lösung aufzubauen, die
zudem kompatibel mit anderen Lösungen sein müsste. Von daher bietet
es sich an, die Kompetenzen in diesem Ökosystem zu nutzen und dadurch
in der Gemeinschaft hoch skalierbare IIoT-Dienstleistungen, On Edge/On
Premise und/oder via Cloud-Lösungen zu nutzen. Aus dem Ökosystem-
Denken heraus interessant ist des Weiteren das Angebot einer „White
Label"-Lösung. Dadurch können via ADAMOS auch individuelle Markt-
plätze für Teilnehmer als auch einen herstellerneutralen Markplatz für die
ganze Industrie aufgebaut werden.

In Summe ergibt sich damit Stand März 2021 folgendes Angebot des
Ökosystems:

- „ADAMOS IIoT: Skalierbare Technologie für die App-Entwicklung mit
  Fokus auf den Maschinen- und Anlagenbau, liefert elementare Infra-
  struktur und grundlegende Funktionalitäten;
- ADAMOS HUB: Transparente Verwaltung von Daten und Apps und
  Daten verschiedener Maschinen und Apps, dadurch herstellerüber-
  greifende und einfache Verwaltung von Daten und Apps in einem ein-
  zigen System;
- ADAMOS STORE: Der Marktplatz für die Industrie, die ADAMOS
  Partner bieten dazu ein digitales Angebotsportfolio, standardisierte
  Verkaufsprozesse und Shop-in-Shop Optionen ermöglichen kürzere
  Time-2-Markets und Skalierbarkeit." (Dürr AG, 2021c, S. 15)

Lösungsökosystem-Beispiel 2: Open Industry 4.0 Alliance

Im Zuge der Entwicklung von Industrie 4.0-Lösungen ist das ADAMOS-Ökosystem nicht das einzige Angebot geblieben. Unter dem Titel „Open Industry 4.0 Alliance" hat sich im April 2019 in Reinach (Schweiz) ein weiteres Ökosystem gegründet. Dazu zählen als Gründungsmitglieder wie Endress+Hausser, Voith, Beckhoff, Hilscher, IFM, Kuka und SAP, einige davon ebenfalls Weltmarktführer (vgl. Open Industry 4.0 Alliance, 2021).

Die Vision und Mission für dieses Ökosystem lauten: „Die Open Industry 4.0 Alliance schafft echten Mehrwert für Kunden durch die Förderung ganzheitlich entwickelter, interoperabler Industrie 4.0-Lösungen und -Services. Basis hierfür sind gemeinsame Rahmenbedingungen, die führende Unternehmen verschiedener Branchen mitentwickeln und unterstützen." (Open Industry 4.0 Alliance, 2021) Daraus leiten sich vier Ziele ab (vgl. Open Industry 4.0 Alliance, 2021): Gemeinsam Mehrwert schaffen, ein funktionsfähiges Industrie-4.0-Ökosystem entwickeln, Kollaborationen von Betreibern und Herstellern entwickeln, gemeinsame Plattform und Semantik etablieren.

Mittlerweile weist die Allianz über 80 Mitglieder auf. Diese sind gemäß einem Whitepaper der Allianz in einer Struktur organisiert, die neben den Gründungsmitgliedern und Kunden (Operators) sechs weitere Typen von funktionalen Partnern umfasst (vgl. Abb. „Roles in the Open Innovation 4.0 Alliance Ecosystem" (Open Industry 4.0 Alliance, 2019, S. 8)).

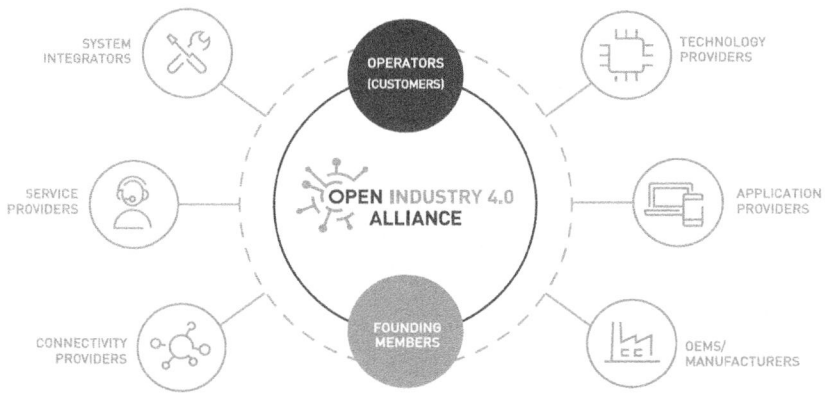

Roles in the Open Innovation 4.0 Alliance Ecosystem (Open Industry 4.0 Alliance, 2019, S. 8)

Lösungsökosystem-Beispiel 3: German Edge Cloud

Im Gründungszeitalter der Ökosysteme für die produzierende Industrie versuchen nicht nur zwei relevante und kompetente Ökosysteme Fuß zu fassen, sondern auch ein drittes Ökosystem. Welche Folgen das für noch an keinem Ökosystem beteiligte Maschinen- und Anlagenbauer hat, die sich zwischen den drei Ökosystemen entscheiden müssen, wird sich noch zeigen müssen. Das dritte Ökosystem ist die „German Edge Cloud" (GEC), ein Start-Up-Unternehmen der Friedhelm Loh Gruppe, seines Zeichens Weltmarktführer mit Rittal, dem Systemanbieter für Schaltschränke, Stromverteilung, Klimatisierung und IT-Infrastruktur (vgl. GEC, 2021a).

Die GEC stellt Kunden und Partnern der Friedhelm Loh Gruppe private Edge-Cloud-Infrastrukturen (IaaS), Plattformen für die Datenanalyse (PaaS) und industriespezifische KI-Anwendungen (SaaS) zur Verfügung. Dadurch sollen die Daten in vernetzten Fabriken schnell und einfach verfügbar gemacht und dem Kunden die volle Datenhoheitssouveränität ermöglicht werden (vgl. Abb. „German Edge Cloud" (GEC, 2021c)). Der daraus resultierende Kundennutzen wird in vier spezifische Faktoren unterteilt (vgl. GEC, 2021b): Dazu zählen in verkürzter Form die „Gesamtanlageneffektivität und exakte Nachvollziehbarkeit der Lieferketten", die „Harmonisierung und Konsolidierung der heterogenen System-Landschaften", die „Übergreifende Nutzung der Produktionsdaten zur Identifikation weiterer Effizienzsteigerungspotentiale und Ableitung datengetriebener Geschäftsmodelle" und die „Gewährleistung modularer Produktionsstrukturen der Zukunft durch dezentrale echtzeitfähige ONCITE EDGEs".

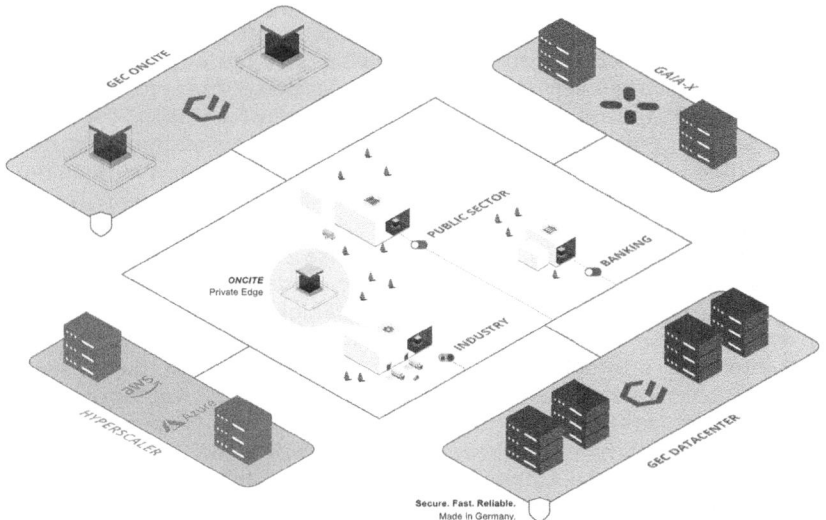

German Edge Cloud (GEC, 2021c)

Um das Ökosystem auch für mittelständische Unternehmen als Partner interessant zu machen, ist es wichtig, die Betriebskosten entsprechend marktfähig zu halten. Dazu werden im Verbund mit Industrie- und Forschungspartnern für die GEC einfache und schnell einsetzbare All-in-One-Lösungen entwickelt. Dafür hat die Friedhelm Loh Gruppe den

„Innovation Champions Award 2020" der WirtschaftsWoche, der HBM Unternehmerschule der Universität St.Gallen und der Akademie Deutscher Weltmarktführer (ADWM) erhalten. Dieses dritte Beispiel steht damit exemplarisch für ein neues, lösungsorientiertes Ökosystem, das im Zuge der digitalen Transformation eines Familienunternehmens mit Einbezug weiterer spezialisierter Partner entstanden ist. Allen drei Beispielen ist eigen, dass deutsche bzw. DACH-Unternehmen hierüber ein eigenständiges und von den USA oder China unabhängiges Ökosystem aufbauen.

Transaktionsökosystem-Beispiel: Neue Wachstumssegmente der Börse Stuttgart
Börsen sind klassische Transaktionsplattformen und mit all ihren Beziehungen und Kommunikationsmaßnahmen auch als klassische Transaktionsaktionsökosysteme anzusehen. Am Beispiel der Börse Stuttgart zeigt sich aktuell, wie ein traditioneller Börsenplatz neue Wachstumssegmente in Form von neuen Transaktionsökosystemen aufbauen kann.

Das erste Beispiel dafür ist das Segment der nordischen, genauer der schwedischen Wachstumsaktien. In Schweden hat sich eine lebendige und international erfolgreiche Start Up-Szene etabliert. In Kombination mit der Bereitschaft der Schweden in Aktien zu investieren, fast 50 %, sind damit die Grundlagen für eine Reihe von Börsengängen junger Wachstumsunternehmen gegeben. Dazu die Börse Stuttgart: „„Nordic Growth Market" ist ein neues Handelssegment im Freiverkehr der Börse Stuttgart. Im Fokus stehen Aktien, die an einem Handelsplatz in den Nordischen Ländern gelistet sind und dank eines Zweitlistings auch an der Börse Stuttgart notieren. Zum jetzigen Zeitpunkt sind im Segment „Nordic Growth Market" Aktien von unserem schwedischen Referenzhandelsplatz NGM notiert, einer Tochter der Börse Stuttgart. Neben Aktien können auch aktienvertretende Zertifikate in dem Segment notieren." (Börse Stuttgart, 2021) Für die Funktionsfähigkeit dieser Transaktionsplattform ist der Aufbau eines Ökosystems an schwedischen Wachstumsunternehmen erforderlich. Im Resultat ergibt sich dann dieses neue Transaktionsökosystem, das in der Zwischenzeit auch für Wachstumsunternehmen aus Baden-Württemberg geöffnet wurde. Diese können ein Primärlisting in Schweden durchführen und parallel dazu ein Listing in Stuttgart. Dies soll die Aufnahme von Wachstumskapital erleichtern bzw. ermöglichen.

Das zweite Beispiel ist die BISON APP, ein neues Transaktionsökosystem für Kryptowährungen, hinter dem die Börse Stuttgart steht: „Bitcoin & Co. kaufen und verkaufen. Mit BISON einfach, smart und zuverlässig. BISON zeigt dir die schönen Seiten der Krypto-Welt, ganz ohne komplizierte Prozesse. Kaufe und verkaufe Kryptowährungen wie Bitcoin, Bitcoin Cash, Ethereum, Litecoin und Ripple (XRP) schnell und mühelos. Außerdem hilft dir BISON dabei, die Nachrichtenflut aus sozialen Medien zu verfolgen.

So behältst du den Überblick bei deinen Investments und bist über den Krypto-Markt informiert." (Bisonapp, 2021) Dadurch werden zum einen die Transaktionen an sich ermöglicht als auch die Informationen rund um diese Kryptowährungen zur Verfügung gestellt. Entsprechende Ranking-Bewertungen von Börse Online bestätigen die Funktionsfähigkeit und den Nutzen dieser App-Lösung. Aus Nachhaltigkeitsgründen sei darauf hingewiesen: Kryptowährungen verbrauchen sehr viel Strom und verursachen damit einen gewaltigen CO_2-Fussabdruck. Denn das „Schürfen" erfolgt vorwiegend in China mit Strom aus Kohle, was von China im Juni 2021 aber teilweise verboten wurde. Über die genaue Höhe informieren einschlägige Berechnungen verschiedener Autoren und Institute, wie z. B. die des Cambridge Institute for Sustainability Leadership. Zudem weisen Kryptowährungen verhältnismäßig große Kursschwankungen nach oben wie nach unten auf. Dazu ein Beispiel aus dem Mai 2021: Nach der Ankündigung von Tesla, dass ihre Fahrzeuge aufgrund des zu hohen CO_2-Ausstosses beim Bitcoin-Schürfen nicht mehr mit dieser Kryptowährung bezahlt werden können, verzeichnete der Kurs einen starken Rückgang, nachdem er bei der damaligen Ankündigung, ein neuer Tesla könne mit Bitcoins bezahlt werden, einen starken Anstieg aufgewiesen hat.

1.3 Aufbau dieses Buches

Die nachfolgenden Kapitel gehen jeweils auf die einzelnen Aspekte der oben dargelegten Charakteristika von Unternehmens-Ökosystemen ein. Das folgende Kapitel widmet sich dem Kristallisationskern eines jeden Unternehmens-Ökosystems, nämlich dem geteilten Nutzenversprechen, und der Frage, was ein solches Nutzenversprechen auszeichnet.

Kap. 3 wirft einen Blick auf die ein Unternehmens-Ökosystem konstituierenden Unternehmen (Ökosystem-Akteure) und die Rollen, die von diesen je nach Ökosystem-Typus eingenommen werden können. Kap. 4 richtet den Fokus auf bestimmte, nämlich plattformbasierte Unternehmens-Ökosysteme und konkretisierte das Konzept einer Plattform und damit der Infrastruktur, mit deren Hilfe Ökosysteme Akteure und Objekte vernetzen. Kap. 5 geht auf das Thema Ökosystem-Governance ein und befasst sich mit der Frage, worauf bei Aufbau und Steuerung von Unternehmens-Ökosystemen generell zu achten ist. Das sechste Kapitel geht auf die Herausforderung der Monetarisierung ein und legt dar, welche grundlegenden Optionen

Ökosystem-Orchestratoren im Hinblick auf die Ausgestaltung der Ertragsmechanik ihres Ökosystems offenstehen. Das siebte und letzte Kapitel betrachtet Ökosysteme in ihrer zeitlichen Dimension und beschreibt den Lebenszyklus, den Ökosysteme in ihrem Werden und Vergehen typischerweise durchlaufen.

Wie im Zuge der nachfolgenden Ausführungen deutlich wird, erfordert der erfolgreiche Aufbau eines Unternehmens-Ökosystems eine andere Denkweise über Marktdynamik und Wettbewerbsstrategie als herkömmliche produkt-basierte Strategien. Dieses Buch möchte seinen Lesern diese Unterschiede nahebringen, ihnen jedoch vor allem auch darlegen, dass es nicht zwingend „revolutionärer" Strategien und Geschäftsmodelle bedarf, die es vor dem digitalen Zeitalter nicht gab oder die die herkömmliche Geschäftslogik obsolet machen.

Literatur

Adner, R. (2006). Match your innovation strategy to your innovation eco-system. *Harvard Business Review, 84*(4), 98–107.

Adner, R. (2017). Ecosystem as structure: An actionable construct for strategy. *Journal of Management, 43*(1), 39–58.

Burkhalter, M. (2020). *Allocentric business models – An allocentric business model ontology for the orchestration of value co-creation using the example of financial service ecosystems.* Dissertation of the University of St.Gallen (Dissertation no. 4940). Universität St.Gallen. Letzter Zugriff am 21.06.2021 über https://www.e-helvetica.nb.admin.ch/api/download/urn%3Anbn%3Ach%3Abel-1496943%3ADis4940.pdf/Dis4940.pdf.

Carayannis, E. G., & Campbell, D. F. J. (2009). 'Mode 3' and 'Quadruple Helix': Toward a 21st century fractal innovation ecosystem. *International Journal of Technology Management, 46*(3/4), 201–234.

Cusumano, M. A., Gawer, A., & Yoffie, D. B. (2019). *The business of platforms. Strategy in the age of digital competition, innovation, and power.* Harper Collins.

Dexheimer, M. J., & Lechner, C. (2019). Ökosystem-basierte Wettbewerbs-strategien. *Die Unternehmung, 73*(4), 308–321.

Eisenmann, T. R., Parker, G., & van Alstyne, M. W. (2011). Platform envelopment. *Strategic Management Journal, 32*(12), 1270–1285.

Erk, C. (2016). *Was ist ein System? Eine Einführung in den klassischen System-begriff.* LIT Verlag.

Frick, K., Bosshart, D., & Breit, S. (2020). *Next Health – Einfacher durch das Ökosystem der Gesundheit.* GDI Gottlieb Duttweiler Institute.

Fuller, J., Jacobides, M. G., & Reeves, M. (2019). The myths and realities of business ecosystems. *MIT Sloan Management Review, 60*(3), 1–9. Letzter Zugriff am 21.06.2021 über: https://sloanreview.mit.edu/article/the-myths-and-realities-of-business-ecosystems.

Gackstatter, S., Lemaire, A., Lingens, B., & Böger, M. (2019). *How companies of all sizes can benefit from business ecosystems.* Roland Berger. Letzter Zugriff am 21.06.2021 über https://www.rolandberger.com/en/Insights/Publications/How-companies-of-all-sizes-can-benefit-from-business-eco-systems.html.

Hannah, D. P., & Eisenhardt, K. M. (2018). How firms navigate cooperation and competition in nascent ecosystems. *Strategic Management Journal, 39*(12), 3163–3192.

Iansiti, M., & Levien, R. (2004a). *The keystone advantage: What the new dynamics of business ecosystems mean for strategy, innovation, and sustainability.* Harvard Business School Press.

Iansiti, M., & Levien, R. (2004b). Strategy as ecology. *Harvard Business Review, 82*(3), 68–78.

Isenberg, D., & Onyemah, V. (2016). Fostering Scaleup Ecosystems for Regional Economic Growth (Innovations Case Narrative: Manizales-Mas and Scale Up Milwaukee). *Innovations: Technology, Governance, Globalization, 11*(1–2), 60–79.

Jackson, D. J. (2011). *What is an innovation ecosystem?* National Science Foundation. Letzter Zugriff am 21.06.2021 über https://erc-assoc.org/sites/default/files/download-files/DJackson_What-is-an-Innovation-Ecosystem.pdf.

Jacobides, M. G., Cennamo, C., & Gawer, A. (2018). Towards a theory of ecosystems. *Strategic Management Journal, 39*(8), 2255–2276.

Järvi, K., Almpanopoulou, A., & Ritala, P. (2018). Organization of knowledge ecosystems: Prefigurative and partial forms. *Research Policy, 47*(8), 1523–1537.

Kapoor, R. (2018). Ecosystems: Broadening the locus of value creation. *Journal of Organization Design, 7,* 12.

Kastl, P. (2019). Business ecosystems, platform ecosystems und innovation ecosystems. *Controlling: Zeitschrift für erfolgsorientierte Unternehmenssteuerung, 31*(6), 66–69.

Kelly, E. (2015). Business ecosystems come of age. In Deloitte (Hrsg.), *Business ecosystems come of age* (S. 3–15). Deloitte University Press. Letzter Zugriff am 21.06.2021 über https://www2.deloitte.com/za/en/pages/strategy-operations/articles/business-ecosystems-come-of-age.html und https://www2.deloitte.com/za/en/pages/strategy-operations/articles/introduction--business-ecosystems-come-of-age.html.

Lechner, C., & Dexheimer, M. J. (2019). Ökosysteme: Eine neue Strategie im digitalen Zeitalter? *OrganisationsEntwicklung: Zeitschrift für Unternehmensentwicklung und Change Management, 3*, 38–43.

Lewrick, M. (2021). *Business Ökosystem Design: Ein Paradigmenwechsel in der Gestaltung von Geschäftsmodellen und Wachstum.* Lewrick & Company.

McIntyre, D. P., & Srinivasan, A. (2017). Networks, platforms, and strategy: Emerging views and next steps. *Strategic Management Journal, 38*(1), 141–160.

Moore, J. F. (1993). Predators and prey: A new ecology of competition. *Harvard Business Review, 71*(3), 75–86.

Moore, J. F. (1996). *The death of competition: Leadership and strategy in the age of business ecosystems.* Harper Business.

Müller-Stewens, G., & Stonig, J. (2019). Unternehmens-Ökosysteme und Plattformen: Auf dem Weg zu einem geteilten Verständnis. *Die Unternehmung, 73*(4), 374–380.

Pidun, U., Reeves, M., & Schüssler, M. (2019). *Do you need a business ecosystem?* Boston Consulting Group & BCG Henderson Institute. Letzter Zugriff am 21.06.2021 über https://www.bcg.com/en-ch/publications/2019/do-you-need-business-ecosystem.

Pidun, U., Reeves, M., & Schüssler, M. (2020). *Designing business ecosystems.* Boston Consulting Group & BCG Henderson Institute. Letzter Zugriff am 21.06.2021 über https://www.bcg.com/en-ch/publications/2020/how-do-you-design-a-business-ecosystem und https://bcghendersoninstitute.com/how-do-you-design-a-business-ecosystem-12f059631bc4.

Schaefer, M. (2012). *Wörterbuch der Ökologie* (5. neu bearbeitete und erweiterte Aufl.). Spektrum Akademischer Verlag.

Tansley, A. G. (1935). The use and abuse of vegetational concepts and terms. *Ecology, 16*(3), 284–307.

Teece, D. J. (2018). Business ecosystems. In M. Augier & D. J. Teece (Hrsg.), *The Palgrave encyclopedia of strategic management* (Bd. 1: A-L, S. 151–154). Palgrave Macmillan.

Valkokari, K. (2015). Business, innovation, and knowledge ecosystems: How they differ and how to survive and thrive within them. *Technology Innovation Management Review, 5*(8), 17–24.

Internetquellen

Adamos GmbH. (2021). *From zero to IIoT in a few clicks: The ADAMOS IIoT platform connects your processes, plants and machines.* Letzter Zugriff am 21.06.2021 über https://www.adamos.com/en/iiot.

Bisonapp. (2021). *Bitcoin & Co. kaufen und verkaufen. Mit BISON einfach, smart und zuverlässig.* Letzter Zugriff am 21.06.2021 über https://bisonapp. com.

Börse Stuttgart. (2021). *Über das Handelssegment „Nordic Growth Market".* Letzter Zugriff am 21.06.2021 über https://www.boerse-stuttgart.de/de-de/ handel/segmente/nordic-growth-market und https://www.boerse-stuttgart. de/schweden.

Dürr AG. (2021a). *Geschäftsmodell / Strategie des Dürr-Konzerns.* Letzter Zugriff am 21.06.2021 über https://www.durr-group.com/de/investoren/ geschaeftsmodell-strategie.

Dürr AG. (2021b). *ADAMOS – Join the Power.* Letzter Zugriff am 21.06.2021 über https://www.durr-group.com/en/digital-at-duerr/iiot-platform-adamos.

Dürr AG. (2021c). *DÜRR-Konzern im Überblick, Investoren-Präsentation, März 2021.* Letzter Zugriff am 21.06.2021 über https://www.durr-group. com/de/investoren/auf-einen-blick und https://www.durr-group.com/ fileadmin/durr-group.com/Investors/Downloads/duerr-at-a-glance-DE.pdf.

GEC. (2021a). *German Edge Cloud – Das Unternehmen.* Letzter Zugriff am 21.06.2021 über https://gec.io/company/german-edge-cloud und https:// gec.io/industrial-solutions/industrial-edge-appliance.

GEC. (2021b). *Industrial Solutions.* Letzter Zugriff am 26.06.2021 über https://gec.io/industrial-solutions.

GEC. (2021c). *German Edge Cloud auf der Hannover Messe Preview 2021.* Letzter Zugriff am 21.06.2021 über https://gec.io/aktuelles/news-detail/ german-edge-cloud-auf-der-hannover-messe-preview-2021-30.

Open Industry 4.0 Alliance. (2019). *Open Industry 4.0 Alliance White Paper.* Letzter Zugriff am 21.06.2021 über https://openindustry4.com/de/dam/jcr:911939d5-ab5e-4113-9425-57a851d621e5/2019_11_20_OI4_Whitepaper_General.pdf.

Open Industry 4.0 Alliance. (2021). *Open Industry 4.0 Alliance.* Letzter Zugriff am 21.06.2021 über https://openindustry4.com/de.

Swiss ICT Investor Club. (2021). *Swiss Startup Ecosystem Map.* Letzter Zugriff am 21.06.2021 über www.sictic.ch/map.

2

Das Herz eines jeden Ökosystems: Die „Joint Value Proposition"

Zusammenfassung Das vorliegende Kapitel widmet sich dem Kristallisationskern eines jeden Unternehmens-Ökosystems, nämlich der sog. „Joint Value Proposition". Es legt dar, was ein solches geteiltes Nutzenversprechen auszeichnet und beschreibt, wie die „Customer Journey Map" zur Erarbeitung eines Nutzenversprechens genutzt werden kann. Des Weiteren geht es auf die Anforderungen ein, denen eine Joint Value Proposition genügen sollte, nämlich Modularität, Komplementarität und Netzwerkeffekte. Verschiedene Beispiele illustrieren dazu die grundlegenden Ausführungen.

Wie im vorangegangenen Kapitel erwähnt worden ist, besitzen Ökosysteme eine geteilte Mission (shared purpose), nämlich die Realisierung eines geteilten Nutzenversprechens (joint value proposition). Ökosysteme sind eine Form der Organisation von Nutzenstiftung bzw. ein Mechanismus, um ein spezifisches geteiltes Nutzenversprechen zu realisieren. Entsprechend bildet das geteilte Nutzenversprechen den Kristallisationskern und das Herz eines jeden Ökosystems. Ohne geteiltes Nutzenversprechen sind Ökosysteme grundsätzlich nicht denkbar.

© Der/die Autor(en), exklusiv lizenziert durch Springer Fachmedien Wiesbaden GmbH, ein Teil von Springer Nature 2021
C. Erk und C. Müller, *Unternehmens-Ökosysteme*,
https://doi.org/10.1007/978-3-658-35359-9_2

> **Definition**
>
> „Die Grundlage des Ökosystems ist ein geteiltes Nutzenversprechen, welches ein spezifisches Kundenbedürfnis adressiert. Dieses Nutzenversprechen stellt die Mission des Ökosystems dar, da es seinen Zweck definiert." (Müller-Stewens & Stonig, 2019, S. 374)
> „Ecosystems require multiple firms to cooperate and coordinate around a shared value proposition." (Stonig & Müller-Stewens, 2019, S. 297)

Was bedeutet es konkret, das geteilte Nutzenversprechen als Mission eines Ökosystems zu bezeichnen? Die Mission eines Unternehmens beschreibt den grundlegenden Existenzgrund eines Unternehmens. Als solche beinhaltet sie die zukunftsbezogene Antwort auf die Frage nach dem „Wozu" eines Unternehmens und spezifiziert somit den – neudeutsch auch „purpose" genannten – Zweck, den zu erfüllen ein Unternehmen existiert (vgl. Erk & Spoun, 2020, S. 105). Die Mission, die zu realisieren Unternehmen grundsätzlich existieren, besteht in der „nutzenstiftenden Befriedigung menschlicher Bedürfnisse" (Erk & Spoun, 2020, S. 47). Unternehmen existieren also im Kern nicht dazu, um Gewinn, Wertschöpfung oder auch Geldfluss generieren, sondern um Nutzen für seine Kunden zu stiften. Die genannten finanziellen Größen sind vor diesem Hintergrund nicht Selbstzweck, sondern „nur" Indikatoren, die darüber Auskunft geben, inwieweit ein Unternehmen seinen Grundzweck effizient und effektiv erfüllt. Doch sein eigentlicher Zweck ist und bleibt die Erfüllung eines Nutzenversprechens.

Wie der Name impliziert, beinhaltet ein Nutzenversprechen den (Kunden-)Nutzen, den ein Unternehmen – oder in unserem Fall ein Ökosystem – seinen Kunden durch eine bestimmte Leistung zu stiften verspricht. Das Nutzenversprechen ist, wie Payne und Frow (2014, S. 215) es ausdrücken, „a promise of value to customers to deliver a particular combination of values – such as price, quality, performance, selection and convenience". Das Nutzenversprechen eines Unternehmens kann je nach Kundensegment variieren bzw. sollte spezifisch auf die unterschiedlichen Kundensegmente eines Unternehmens abgestimmt werden.

Der gestiftete Nutzen entspricht hierbei dem (erwarteten oder effektiven) Wertgewinn, der für einen Kunden aus der Befriedigung eines Bedürfnisses durch Inanspruchnahme einer vom Unternehmen angebotenen Leistung resultiert. Der Nutzen berechnet sich somit aus der Differenz aus dem von einem Kunden erwarteten (oder effektiven) Wert und den vom Kunden erwarteten (oder effektiven) Kosten der Inanspruchnahme einer Leistung (vgl. Erk & Spoun, 2020, S. 44 f.):

- Allgemein gesprochen bestimmt sich der Wert eines Wirtschaftsgutes als der monetäre Wert des Bündels aus ökonomischem, funktionalem und psychologischem Nutzen, den Kunden von einer bestimmten Leistung erwarten bzw. effektiv generieren.
- Die Kosten umfassen den monetären Wert des aus monetären, zeitlichen, energetischen und psychologischen Elementen bestehenden Bündels an Kosten, die die Kunden über den gesamten Kauf- und Nutzungszyklus einer Leistung erwarten bzw. effektiv tragen.

Saldiert man den Wert und die Kosten eines Wirtschaftsgutes, so ergibt sich hieraus der – hoffentlich positive – Nutzen dieses Wirtschaftsgutes für seine Käufer bzw. Nutzer. Fällt das Ergebnis des Vergleichs zwischen dem vor dem Kauf erwarteten Kundennutzen und dem nach dem Kauf effektiv realisierten Kundennutzen positiv aus, so entsteht auf Seite des Kunden Zufriedenheit. Die aus überlegener Nutzenstiftung bei der Befriedigung menschlicher Bedürfnisse resultierende Kundenzufriedenheit zu maximieren ist die Mission von Unternehmen.

Nachdem nun verdeutlicht worden ist, was unter dem Begriff „Mission" zu verstehen ist, können wir nun konkretisieren, was eine geteilte (auch: gemeinsame) Mission ist. Was eine solche Mission im Gegensatz zu einer „normalen" Mission auszeichnet ist, dass diese nicht durch ein einzelnes Unternehmen allein, sondern nur kooperativ realisiert werden kann. Der konkrete Inhalt der geteilten Mission von Ökosystemen besteht entsprechend in der Realisierung eines geteilten

Nutzenversprechens (joint value proposition), also eines Nutzenversprechens, das nicht von einem einzelnen Unternehmen, sondern nur durch Kooperation der im Ökosystem verbundenen Unternehmen realisiert werden kann. Ökosysteme sind als spezifische Form der Organisation der Nutzenstiftung in der Lage, umfassende und/oder maßgeschneiderte Nutzenversprechen zu realisieren, die übersteigen, was einzelne Unternehmen zu leisten imstande sind oder die allein zu erfüllen für sie strategisch nicht sinnvoll ist.

Definition

„The primary goal for the new business ecosystem is to create new value through the increased number and variety of information, services, and products available to the customer. [...] In the new business ecosystem, partners do not merely add value at each stage of a chain, they work together to create new value for the customer through an integrated, seamless offering that extends each of their capabilities." (Gossain & Kandiah, 1998, S. 31)

„By drawing on the contributions from a multitude of independent organizations, a business ecosystem can provide customers with particularly complex, comprehensive, and customized value propositions, whose scope and specificities are hard to reflect in one organization with a vertically integrated structure." (Stonig & Müller-Stewens, 2019, S. 290 f.)

Ökosysteme können ihren Nutzen auf grundsätzlich eine oder mehrere von vier unterschiedlichen Arten generieren (vgl. Dietl, 2010, S. 63), nämlich Verbindung, Preisfindung, Vielfalt und/oder Matching. Die beiden Typen von Ökosystemen unterscheiden sich hierbei in Bezug auf die Frage, welche dieser Nutzenoptionen sie zu realisieren imstande sind:

- Lösungsökosysteme dienen üblicherweise der Förderung der Komponentenvielfalt zu einer Kernleistung.
- Transaktionsökosysteme besitzen typischerweise eine Matching-, Verbindungs- und/oder Preisfindungsfunktion.

Entsprechend ist die konkrete Ausprägung und Ausgestaltung der Joint Value Proposition abhängig von der Art des Ökosystems.

Beispiel für eine Joint Value Proposition eines Lösungsökosystems

Als prägnantes Beispiel für ein Lösungsökosystem kann das Konzept „Blue City" des internationalen Projektentwicklers und Vorreiters für nachhaltige Transformation im Infrastruktur- und Bauwesen, Drees & Sommer aus Stuttgart, herangezogen werden. Die Joint Value Proposition lautet: „Integrated Urban Solutions: ökologisch-nachhaltig, wirtschaftlich, resilient, lebenswert, innovativ" (Drees & Sommer, 2021). Dabei werden Partner aus neun Bereichen mit einbezogen, um eine nachhaltige, funktionsfähige und „menschengerechte" Stadt zu schaffen: Immobilien, Gesellschaft, Mobilität, Klima, Energie, Ressourcen, Infrastruktur, Finanzen und Digitalisierung.

Wie wird diese Joint Value Proposition hergeleitet? In der Diskussion über die bestehenden und zukünftigen Infrastrukturen spielt das Thema Vernetzung und Nachhaltigkeit und die Frage eine entscheidende Rolle, wie Städte und Quartiere bzw. Stadtteile so geplant werden können, dass sie den verschiedenen Anspruchszielen und Interessen gerecht werden:

„Unser Leben hat sich in den vergangenen Jahrzehnten grundlegend gewandelt – wir sind mobiler geworden und Arbeitswelten befinden sich im Wandel. Gleichzeitig stellen demografische Entwicklungen und Migrationsbewegungen Städte und Kommunen vor große Herausforderungen. So leben weltweit immer mehr Menschen in Städten. Dort sind die Auswirkungen des Klimawandels wie etwa die Erhitzung der Erde stärker spürbar als auf dem Land. Wir benötigen neue, interdisziplinäre Ansätze in der Stadtentwicklung, um die anstehenden Aufgaben zu bewältigen. Mit „Blue City – Integrated Urban Solutions" bündelt Drees & Sommer sein umfassendes Stadtentwicklungs-Know-how und erarbeitet konkrete Lösungen für die Zukunft. Um zukunftsfähig zu sein, müssen sich diese Lösungen mit vielen Stressfaktoren auseinandersetzen und dafür ganzheitliche Konzepte beinhalten. Unter anderem sind dabei wirtschaftliche, ökologische, funktionale, soziale und ästhetische Aspekte von urbanen Räumen zu berücksichtigen." (Drees & Sommer, 2021)

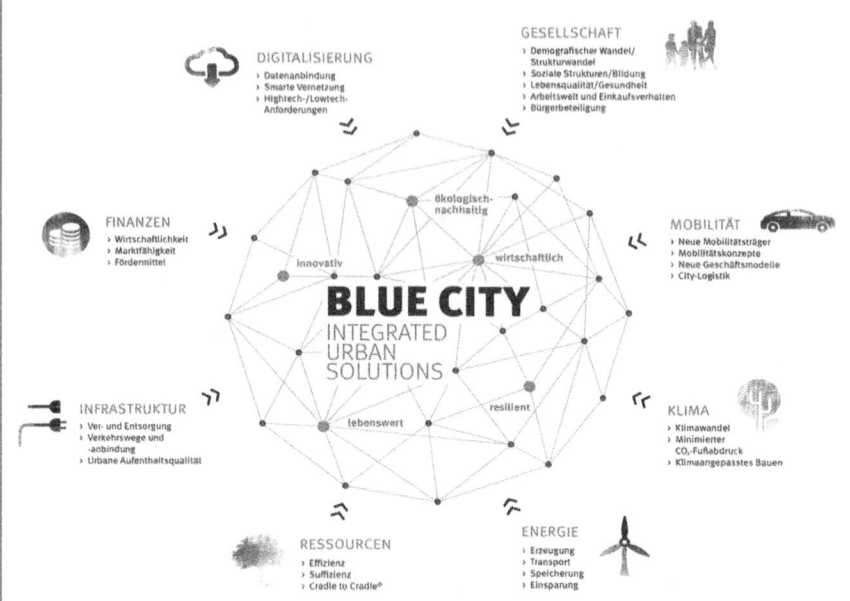

Die Blue City – Joint Value Proposition (Drees & Sommer, 2021)

Beispiel für eine Joint Value Proposition eines gemischten Lösungs- und Transaktionsökosystems

Als prägnantes Beispiel für die Joint Value Proposition eines gemischten Ökosystems aus Lösungs- und Transaktionsökosystems lässt sich Smile, eine Schweizer Direktversicherung, anführen. Smile ist heute der größte Direktversicherer der Schweiz und gehört nach der Übernahme der Nationale Suisse seit 2014 zur St. Galler Helvetia-Gruppe. Dadurch bestehen zwei verschiedene Ökosysteme, eines auf Ebene Smile und eines auf Ebene Helvetia, und damit auch zwei Joint Value Propositions. Für die Smile Versicherung steht die effiziente Transaktion über ihre digitale Plattform zwischen den Endkunden (privat und gewerblich) und den Partnern für die Versicherungslösungen auf den Gebieten „car, home, bike, travel, legal, life, health". Die entsprechende Joint Value Proposition lautet: „Schliesse deine Versicherung unkompliziert ab, mit monatlichem Kündigungsrecht. Kein Blabla: Prämie berechnen, Offerte bestätigen, Police erhalten. Faire Prämien. Top versichert. Kein Papierkram. Flexibel wie nie zuvor. Klein Blabla. 100 % Online" (Smile, 2021). Dabei handelt es sich nicht nur um ein reines digitales Transaktionsökosystem, da bei Bedarf der Kundschaft auch eine persönliche Beratung per Anruf, Chat oder Mail möglich ist. Auf Ebene der Helvetia Gruppe ist das Ökosystem wesentlich vielfältiger,

da hier verschiedene Ländermärkte in Europa, verschiedene Geschäftsmodelle und verschiedene Ökosysteme miteinander kombiniert werden.
Die Abbildung „Gemischtes Ökosystem der Helvetia Gruppe" (Helvetia,
2021b, S. 13) verdeutlich dieses Gesamtbild. Entsprechend ist die Joint
Value Proposition der gesamten Gruppe umfassender formuliert: „einfach.
klar. helvetia." (Helvetia, 2021a) Diese Joint Value Proposition findet sich
entsprechend im Zweck (Purpose oder Raison d'Être) wieder: „Das Leben
ist voller Chancen und Risiken. Helvetia ist da, wenn es darauf ankommt.
[…] Wir differenzieren uns im Markt über die Kunden-Convenience und
die Einfachheit unserer Produkte und Dienstleistungen. Das tun wir seit
jeher mit Vertrauen, Dynamik und Begeisterung." (Helvetia, 2021a)

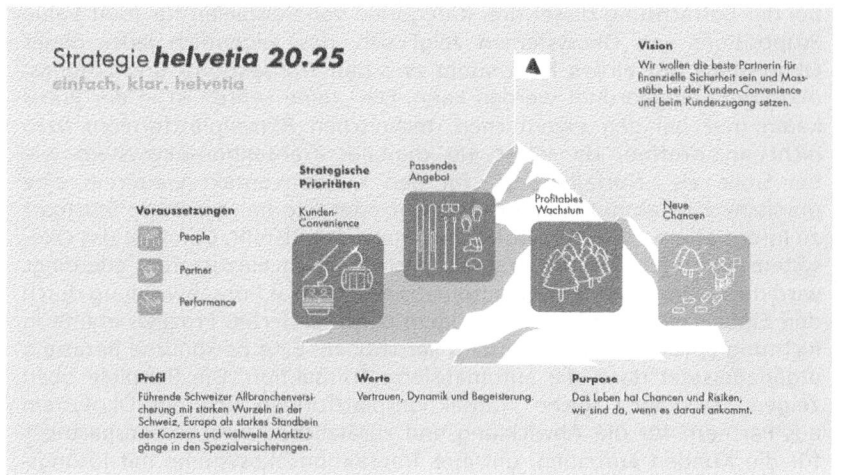

Gemischtes Ökosystem der Helvetia Gruppe (Helvetia, 2021b, S. 13)

Beispiel für eine Joint Value Proposition eines Transaktionsökosystems
Als Joint Value Proposition eines Transaktionsökosystems lässt sich ana-
log zu den Beispielen der Börse Stuttgart die Joint Value Proposition der
Deutsche Börse Gruppe, Frankfurt, heranziehen: „Als international tätige
Börsenorganisation und innovativer Marktinfrastrukturanbieter deckt
die Gruppe Deutsche Börse mit ihren Produkten, Dienstleistungen und
Technologien die gesamte Wertschöpfungskette im Finanzgeschäft ab.
Auf diese Weise organisiert sie integre, transparente und sichere Märkte
für Investoren, die Kapital anlegen, und für Unternehmen, die Kapital auf-
nehmen." (Deutsche Börse, 2021a).
   Diese Joint Value Proposition findet sich nochmals anders formuliert in
Form des Zwecks bzw. Purpose der Gruppe Deutsche Börse:

„Bei der Deutschen Börse schaffen wir Vertrauen in die Märkte von heute und morgen. Vertrauen ist die Grundbedingung für funktionierende Märkte und eine zukunftsfähige Wirtschaft. Die Deutsche Börse sorgt für transparente, verlässliche und stabile Infrastrukturen, die Sicherheit und Effizienz auf den Märkten weltweit garantieren. Mit dem Betreiben funktionierender Märkte tragen wir zu Wachstum und Wohlstand künftiger Generationen bei. Kurz: Unser Unternehmenszweck ist es, Vertrauen in die Märkte von heute und morgen zu schaffen." (Deutsche Börse, 2021b)

Fazit
Bei der Betrachtung dieser drei Kategorien von Beispielen für Joint Value Propositions von Ökosystemen zeigt sich, dass eigentlich jedes dieser Ökosysteme auf einem Kontinuum zwischen Transaktions- und Lösungsökosystem eingeordnet werden kann. Die „reine Lehre" ist in der Praxis kaum (nur bei den eigentlichen, technischen Börsenplattformen) bzw. nicht anzutreffen, da selbst ein digitales Transaktionsökosystem wie bei Smile als „Notfalllösung" für den Kundenkontakt weiterhin eine physische Kontaktaufnahme ermöglicht oder wie bei der Börse Stuttgart zu Informationszwecken zusätzliche Inhalte bereitstellt. Damit ist das Ökosystem weiterhin klar als Transaktionsökosystem einzustufen, allerdings wird die hocheffiziente, weil automatisierte Transaktionsabwicklung durch den Einbau einer zusätzlichen, zudem personalisierten Prozessvariante in Richtung eines Lösungsökosystems verschoben. Eine persönliche Beratung ergänzt/ersetzt dann die automatisierte Transaktion. Die Beispiele oben zeigen, dass auch solche Transaktionsplattformen sich ein Ökosystem aus Partnern für die Abwicklung und zusätzlichen Informationspartnern für die Kunden aufbauen, um ihre Transaktionsökosysteme mit lösungsorientiertem Mehrwert aufzuladen. Diese Erfahrung konnte auch in einem eigenen Fall bei einem Webseiten- und Suchmaschinen-Transaktionsökosystem aus China gemacht werden: Binnen kurzer Zeit konnte auf Grundlage eines persönlichen Mailverkehrs eine Lösung für das passende Vertragsmodell gefunden werden. Ein „echtes" Lösungsökosystem stellt dann ein solches wie das eingangs erwähnte „Blue City"-Beispiel dar.

2.1 Value Proposition Design

Um zu verstehen, worin der von einem Unternehmen gestiftete Nutzen besteht und wie ein Unternehmen seinen Kunden nutzen stiftet, bietet sich das Instrument des „Customer Journey Mapping" an. Die

Customer Journey Map kann zum einen zur Analyse, aber auch zum Design der Value Proposition eines Unternehmens verwenden werden.

Mithilfe einer Customer Journey Map kann vom Erstkontakt bis zum Ende der Kundenbeziehung dargestellt werden, wie und über welche sowohl direkten als auch indirekten Kontaktpunkte (touchpoints) das Unternehmen jeweils mit seinen Kunden interagiert, welchen Nutzen es dabei stiftet und wie sich die Kundenerfahrung (customer experience) zusammensetzt. Die Customer Journey Map liegt die Einsicht zugrunde, dass der Kundennutzen nicht nur während der eigentlichen Inanspruchnahme einer Leistung, sondern über alle Kontaktpunkte hinweg generiert wird, und dass das Unternehmen den Nutzenerwartungen seiner Kunden nicht nur an ausgewählten, sondern über alle Kontaktpunkte hinweg gerecht werden muss.

Die Customer Journey basiert im Grunde auf dem bekannten AIDA-Konzept, das über die Stufen „Attention" (Aufmerksamkeit), „Interest" (Interesse), „Desire" (Wunsch) und „Action" (Handlung) einen mehrstufigen Verkaufstrichter (sales funnel) aufspannt, an dessen Ende der Kaufentscheid des Kunden steht. Zum einen verfeinert die Customer Journey dieses Konzept üblicherweise etwas, indem sie – ähnlich dem aus den Phasen Kontakt, Evaluation, Kauf, Nutzung und Wiederkauf bestehenden Konzept des „Buying Cycle" – nicht nur die Vorkaufsphasen (Bewusstsein (awareness), Abwägung (consideration) und die Kaufphase (conversion), sondern auch die Phasen nach dem Kauf – Erhalt (retention) und Loyalität & Empfehlung (loyalty & advocacy) – abzubilden versucht. Zum anderen behandelt sie diese Stufen nicht als monolithische Blöcke, sondern betrachtet innerhalb einer jeden Stufe systematisch alle direkten und indirekten Kontaktpunkte (touchpoints) zwischen Kunde und Unternehmen, um so die komplette Reise des Kunden abzubilden.[1] Für jeden Kontaktpunkt kann zudem kurz beschrieben werden, welche Aktivitäten der Kunde jeweils an den Tag

---

[1] Die Kundeninteraktionen, die sich einer der Vorkaufsphasen zuordnen lassen, können als „Customer Information Points", die, die sich der Kaufphase zuordnen lassen als „Customer Points of Sale" und die, die sich der Nachkaufphase zuordnen lassen, als „Customer Service Points" bezeichnet werden.

legt bzw. wie er sich typischerweise verhält. Die nach Phasen sortierten Touchpoints bilden die horizontale Achse der Customer Journey Map.

Beispiel: Customer Journey Map der Schweizer Armee (Schweizer Armee & Universität St.Gallen, 2019/2020)

Die Abbildung „Die Customer Journey eines Angehörigen der Schweizer Armee" (Schweizer Armee & Universität St.Gallen, 2019/2020) verdeutlicht die horizontale Dimension der Customer Journey Map am Beispiel der „Kundenreise" eines Angehörigen der Schweizer Armee. Die Darstellung ist dem Abschlussbericht eines gemeinsamen Integrationsseminars der Universität St.Gallen mit dem Kommando Ausbildung der Schweizer Armee entnommen.

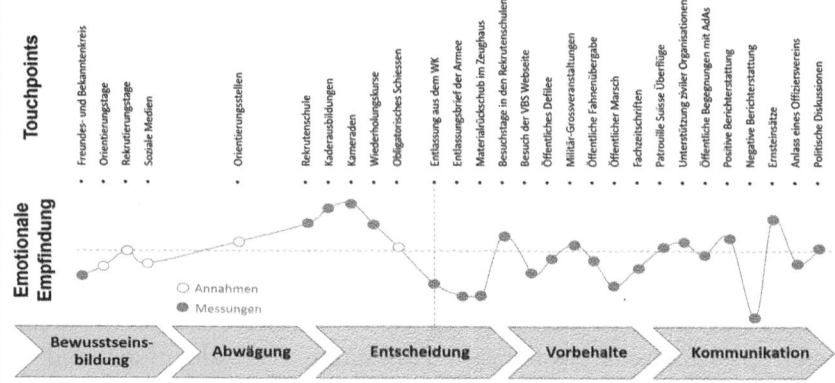

Die Customer Journey eines Angehörigen der Schweizer Armee (Schweizer Armee & Universität St.Gallen, 2019/2020)

Die vertikale Achse der Customer Journey Map setzt sich aus den Analyseebenen zusammen, mit denen die einzelnen Touchpoints konkretisiert und kategorisiert werden:

- Eine Kategorisierung kann anhand der Frage vorgenommen werden, ob der Touchpoint vom Unternehmen allein (z. B. Webseite), vom Unternehmen zusammen mit einem Partner oder vom Kunden kontrolliert wird.

- Des Weiteren ist jeweils zu definieren, über welchen Kanal das Unternehmen beim jeweiligen Touchpoint in Verbindung mit dem Kunden steht.
- Weitere Dimensionen der vertikalen Achse sind die Bedeutung des Touchpoints für den Kunden sowie seine kontaktpunktspezifischen Bedürfnisse/Erwartungen und Ziele.
- Zudem sollten pro Touchpoint die mit diesem jeweils verbundenen bzw. während diesem beim Kunden ausgelösten Emotionen aufgeführt werden. Aus der Verbindung der Bewertung des Erlebten über die Touchpoints hinweg ergibt sich eine Emotionskurve, die das Kundenerlebnis (Customer Experience) abbildet, wie der Kunde es im Rahmen seiner Interaktionen mit dem Unternehmen durchläuft.
- Zusätzlich können sich Unternehmen pro Touchpoint Gedanken zu den grundsätzlichen reputations-, kundenbindungs- und/oder kundenakquisebezogenen Zielen machen, die sie im Rahmen des jeweiligen Touchpoints erreichen möchten.[2] In diesem Zusammenhang sind auch die sog. „Key Performance Indicators" (KPIs) zu definieren, anhand derer sich der Fortschritt oder Erfüllungsgrad dieser Zielsetzungen bestimmen lässt.
- Zudem können für jeden Touchpoint Überlegungen zum Wettbewerb angestellt, d. h. gefragt werden, welche Alternativen der Kunde hat.

Nachdem diese Dimensionen in Form von horizontalen Bändern („Swim Lanes") zu jedem Touchpoint definiert sind, ist zu guter Letzt zu überlegen, wo Potential zur Verbesserung der Customer Journey und welche diesbezüglichen Maßnahmen das Unternehmen allenfalls ergreifen möchte.

Sinnvollerweise sollte bei der Erstellung einer Customer Journey Map nicht nur mit „dem", d. h. einem idealtypischen Durchschnittskunden,

---

[2] Grundlegendes Ziel der Reputationspflege ist die Markenbildung bzw. -führung, d. h. die Sicherstellung der Bekanntheit und einer positiven Wahrnehmung (Image) eines Produkts oder seines Anbieters in den relevanten Zielmärkten. Die beiden Ziele der Kundenakquisition sind die Gewinnung bisheriger Nichtkunden und die Gewinnung von Kunden der Konkurrenz. Das Ziel der Kundenbindung umfasst zum einen den Erhalt bestehender Potenziale durch die Erzeugung kontinuierlicher Wiederkäufe sowie die Verhinderung von Kundenmigration und zum anderen den Ausbau bestehender Potenziale durch die Erzeugung bzw. Erhöhung von Zusatzkäufen, die Erzeugung bzw. Erhöhung von Folgekäufen und die Erhöhung von Wiederkäufen.

sondern mit sog. „Personas" bzw. Kundentypen gearbeitet werden. Personas (auch: Buyer Personas) sind fiktive, aber auf Daten echter Kunden modellierte archetypische Vertreter der Kundensegmente des Unternehmens. Üblicherweise ist die Definition von vier bis sechs Personas sinnvoll, wobei sich als Grundlage hierfür die bekannten Marktsegmentierungskriterien – d. h. verhaltensbezogene, soziodemografische, geografische und psychografische/werthaltungsbezogene Kriterien – anbieten.

Beispiel: Customer Journey Map der Schweizer Armee (Schweizer Armee & Universität St.Gallen, 2019/2020)

Im Rahmen mehrerer Integrations- bzw. neuerdings Capstone-Projekten der Universität St.Gallen mit dem Kommando Ausbildung der Schweizer Armee wurden zwei Konzepte einer Customer Journey Map konzipiert. Dabei haben verschiedene Teams von Studierenden konkrete Fragestellungen der Schweizer Armee hinsichtlich Ansprache, Kommunikationsbotschaften und -kanälen, Rekrutierung, Beurteilung aus Rekrutensicht u. v. m. mitsamt konkreten Lösungsvorschlägen erarbeitet. Das Grundkonzept zeigt den Weg eines Jugendlichen vom Alter von 14 Jahren bis 18 Jahren mitsamt seinen Kontaktpunkten (Touchpoints) mit der Schweizer Armee. Die folgende Abbildung zeigt diese Customer Journey Map (Schweizer Armee & Universität St.Gallen, 2019/2020) einschließlich der drei „typischen" Personas, die in der danach folgenden Abbildung um die Rolle des Vaters im Alter von ca. 45–55 Jahren als „Influencer" der Jugendlichen ergänzt wird.

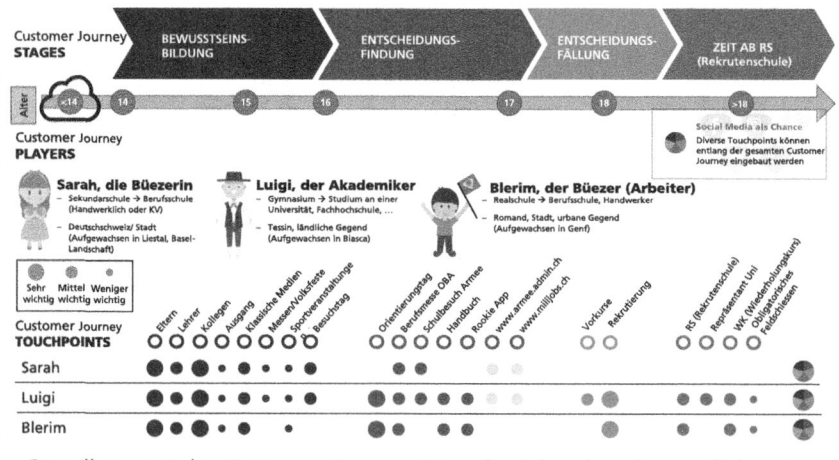

Grundkonzept der Customer Journey Map der Schweizer Armee (Schweizer Armee & Universität St.Gallen, 2019/2020)

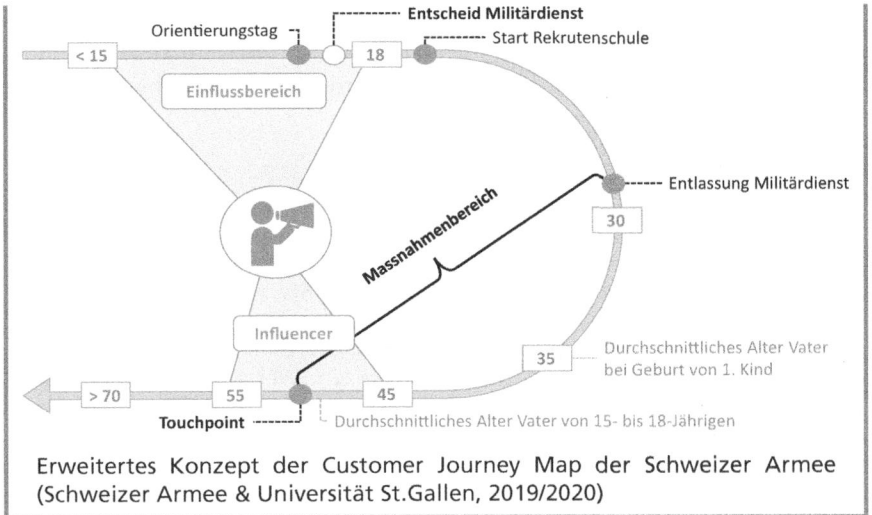

Erweitertes Konzept der Customer Journey Map der Schweizer Armee (Schweizer Armee & Universität St.Gallen, 2019/2020)

2.2 Voraussetzungen einer Joint Value Proposition

Ökosysteme ermöglichen es, ein konsistentes Kundenerlebnis entlang der gesamten Customer Journey zu schaffen und so einen Kundennutzen zu stiften, der weit über das hinausgeht, was ein einzelnes Unternehmen zu leisten imstande ist. Damit dies möglich ist, muss das Nutzenversprechen bzw. müssen die nutzenstiftenden Aktivitäten bestimmte Bedingungen erfüllen. Konkret sollte die Nutzenstiftung den Anforderungen der Modularität und der Komplementarität genügen und sich zudem durch möglichst starke Netzwerkeffekte auszeichnen.

2.2.1 Modularität der Nutzenstiftung

Ökosysteme zeichnen sich dadurch aus, dass das Wertschöpfungssystem, mit dem das Nutzenversprechen gestiftet wird, sich in spezifische Bestandteile zerlegen lässt. Im Falle einer Dienstleistung handelt es sich bei diesen „Module" genannten Bestandteilen um Aktivitäten, im Falle von Produkten um Produktkomponenten. Charakteristisch für diese Module ist, dass diese zwar jeweils für sich allein funktionieren und in Anspruch genommen werden können, aber auch kombiniert genutzt werden können und so ein integriertes Ganzes ergeben:

> **Definition**
>
> „In contrast to vertically integrated models or hierarchical supply chains, in business ecosystems, the components of the offering are designed independently yet function as an integrated whole. In many cases, the customer can choose among the components and/or how they are combined." (Pidun et al., 2019)
>
> „Die Leistungserbringung in einem Ökosystem beruht auf der Möglichkeit und Fähigkeit, einen komplexen Wertschöpfungsvorgang so in einzelne Aktivitäts-Module zu zerlegen, dass diese eigenständig funktionieren, aber gleichzeitig koordiniert zusammenspielen." (Müller-Stewens & Stonig, 2019, S. 375)

Grundlage von Ökosystemen ist somit die Modularität des ihnen zugrunde liegenden Nutzenversprechens. Mit anderen Worten: Ökosysteme funktionieren nach dem Baukastenprinzip. Damit die Aktivitäten der Mitglieder eines Ökosystems, d. h. letzten Ende ihre jeweils angebotenen Dienstleistungen oder Produkte sich zu einem größeren Ganzen kombinieren lassen, muss die Kompatibilität der Module durch verbindliche Standards sichergestellt werden. Es muss also für alle Mitglieder des Ökosystems spezifiziert sein, wie die einzelnen von ihnen angebotenen Module hinsichtlich Form und Funktion ausgestaltet zu sein haben; und es muss definiert werden, über welche Schnittstelle die jeweiligen Module mit anderen Modulen interagieren und welchen Anforderungen die Schnittstelle zu genügen hat.

Die für Ökosysteme relevante Modularität ist nicht so sehr die Modularität in der Entwicklung oder Produktion, sondern letzten Endes die Modularität im Gebrauch. Ein Unternehmen, das ein modular hergestelltes Produkt anbietet, wird damit noch nicht zum Ökosystem. Die für Ökosysteme wichtige Modularität bezieht sich auf die Kombinierbarkeit der von den Mitgliedern des Ökosystems angebotenen Leistungen und deren Integrierbarkeit zu einem größeren Ganzen, das das geteilte Nutzenversprechen erst einlöst. Es geht also um die vom Kunden aus der Perspektive der Customer Journey wahrgenommene Modularität der Erbringung einer aus mehreren Teilleistungen bestehenden und von mehreren Unternehmen gemeinsam erbrachten Gesamtleistung.

Modularität erhöht jedoch nicht nur die Angebotsvielfalt für den Kunden. Sie hat auch Vorteile für das Ökosystem selbst: Denn durch die Modularität „reduziert sich der Koordinationsaufwand zur Realisation des Nutzenversprechens, da durch standardisierte Spezifikationen alle Anbieter von Modulen zu geringen Kosten eingebunden werden" (Lechner & Dexheimer, 2019, S. 39).

Damit Modularität möglich wird, muss einem Ökosystem jedoch auch ein ausreichend breites Nutzenversprechen zugrunde liegen. Das Nutzenversprechen muss so umfassend sein, dass es sich in spezifische, d. h. trennbare modulare Leistungen zerlegen lässt, die sich aufgrund ihrer Diversität und Anzahl nicht von einem einzelnen Unternehmen oder einigen wenigen Unternehmen angeboten werden können oder wollen.

2.2.2 Komplementarität der Nutzenstiftung

Mit der Modularität der Teilleistungen ist es jedoch nicht getan. Die von Ökosystem angebotenen Teilleistungen sollten nicht nur modular, sondern zudem noch komplementär sein. Was ist mit der Forderung nach Komplementarität der Module genau gemeint? Grundsätzlich ist Komplementarität immer dann gegeben, wenn der Nutzen eines Gutes durch das Vorhandensein eines anderen Gutes erhöht wird.[3] Dies ist dann gegeben, wenn sich zwei Güter so vorteilhaft miteinander verbinden und gemeinsam nutzen lassen, dass der Kunde aus der Kombination der Güter – ganz im Sinne des Prinzips, dass das Ganze mehr ist als die Summe seiner Teile – einen höheren Nutzen zieht als sich aus der Addition des Nutzens der einzelnen Module ergeben

---

[3] Ökonomisch ausgedrückt könnte man auch sagen, dass komplementäre Güter (im Gegensatz zu Substitutionsgütern) eine negative Kreuzpreiselastizität haben: „Two products are deemed substitutes when the demand for one increases as the price of the other increases. […] Complements are the opposite. Products are said to be complements if the increase in price of one leads to a decrease of demand for the other." (Reillier & Reillier, 2017, S. 38)

würde. In Abhängigkeit davon, wie diese Nutzenzunahme erfolgt, lassen sich drei Arten von Komplementarität unterscheiden:

- **Generische (auch: schwache) Komplementarität**
  Generische Komplementarität liegt immer dann vor, wenn das Vorhandensein einer Komponente den Wert einer anderen Komponente erhöht. Diese Form der Komplementarität existiert somit zwischen Elementen, die in nutzenstiftender Weise miteinander kombiniert werden können, für die es jedoch jeweils Substitute gibt und die auch eigenständig genutzt werden können: „joint consumption generates greater utility than separate consumption, but these complements can be consumed jointly with others as well" (Jacobides et al., 2018, S. 2266) Komplemente, die eine nur generische Komplementarität aufweisen, werden auch als schwache Komplemente bezeichnet.
  Ein Beispiel für schwache Komplementarität ist die Kombination von Tasse, Teebeutel und heißem Wasser. Während die Kombination dieser drei Komponenten in Form einer Tasse heißen Tees zu einer überlegenen Nutzenstiftung führt, reduziert der Wegfall einer der Komponenten den Wert der anderen nicht auf null. So kann der heiße Tee auch aus einem Teeglas getrunken werden; und auch ohne Teebeutel verlieren Tasse und heißes Wasser ihre nutzenstiftende Eigenschaft nicht, da sich Tee auch mit Teeblättern aufbrühen und aus einer Tasse sonst auch problemlos nur heißes Wasser trinken lässt. Und auch wenn man mit einem Teebeutel ohne heißes Wasser vielleicht nicht viel anfangen lässt, so lässt sich der Großteil der Komponenten auch separat nutzen: Aus einer Tasse kann Kakao getrunken und heißes Wasser kann auch zum Aufbrühen von Kaffee genutzt werden.
  Aufgrund der nur generischen Komplementarität zwischen z. B. diesen drei Komplementen bedarf es keiner Koordination der Hersteller von Tassen, Teebeutel und Wasserkochern bzw. Töpfen: „While consumers derive utility by combining these elements into a "product system" (i.e., a cup of tea), producers do not need to coordinate their investments through structures to enable such value. Consumers can thus buy them separately in the market and combine them on their own." (Jacobides et al., 2018, S. 2262) Generische Komplemente vermitteln

den Herstellern kein ausreichendes Interesse, um sich aneinander anzu-
gleichen und als Gruppe zu handeln.

- **Strikte (auch: starke oder einzigartige) Komplementarität**
  Strikte Komplementarität liegt vor, wenn „two assets are unproductive
  unless they are used together" (Jacobides et al., 2018, S. 2261). Mit
  anderen Worten: Zwischen zwei Elementen A und B liegt strikte
  Komplementarität vor, wenn A nicht ohne B funktioniert. A und B
  haben in diesem Fall entweder keinen oder nur einen sehr geringen
  eigenen Nutzen: „joint consumption generates greater utility than
  separate consumption, and these complements have less value when
  not consumed together" (Jacobides et al., 2018, S. 2266). Diese Form
  der Komplementarität kann sich nur zwischen einzigartigen Komplementen finden, d. h. Elementen, für die es kein Substitut gibt.
  Einzigartige Komplemente sind z. B. Türschloss und Schlüssel. Ohne
  den passenden Schlüssel ist das Türschloss nutzlos, da es entweder
  immer offen oder immer geschlossen ist; und ohne das dazugehörige
  Schloss lässt sich mit einem Schlüssel üblicherweise nichts anfangen.
  Weitere Beispiele für strikte Komplemente sind Rasierer und Rasier-
  klingen, Staubsauger und Staubsaugerbeutel oder die allseits bekannte
  Nespresso-Maschine und die zu ihr passenden Kapseln. Diese Kapseln
  lassen sich normalerweise nicht mit anderen Kaffeemaschinen nutzen,
  weswegen ihr Wert ohne die entsprechende Maschine faktisch
  gleich null ist; und gleichzeitig kann eine Nespresso-Maschine nur
  mit passend gekapseltem Kaffee, aber weder mit Bohnenkaffee
  noch gemahlenem Kaffee genutzt werden, weswegen der Wert der
  Maschine ohne Kapseln auch gegen null tendiert.
  Aufgrund der hohen Abhängigkeit zwischen ihnen sollten strikte
  Komplemente idealerweise von einem einzelnen Unternehmen hergestellt oder zumindest hierarchisch kontrolliert werden. Werden
  strikte Komplemente von mehreren Unternehmen hergestellt, so
  macht dies die herstellerübergreifende Koordination und Einführung
  von Standards notwendig.
- **Supermodulare Komplementarität**
  Wie strikte Komplementarität auch, kann supermodulare
  Komplementarität nur zwischen einzigartigen Komplementen

bestehen, d. h. Komplementen, die nicht substituiert werden können. Zwei derartige Leistungen, Produkte oder sonstige Güter sind supermodular komplementär, wenn „more of A makes B more valuable" (Jacobides et al., 2018, S. 2262). Supermodulare Komplementarität liegt vor, wenn sich „der Grenznutzen eines Elements X sich mit der Zunahme eines anderen Elements Y erhöht" (Lechner & Dexheimer, 2019, S. 40 f.) und damit mehr von Y den Nutzen von mehr von X erhöht. Solche Komplemente weisen somit „increasing returns of joint consumption of complements" (Jacobides et al., 2018, S. 2266) auf.

Beispiele für supermodulare Komplemente sind Freizeit und verfügbares Freizeitangebot, Spielekonsolen und Spiele, Smartphones und Apps, Elektroautos und Ladestationen sowie Autos und Straßen bzw. Autobahnen. Ein weiteres Beispiel für supermodulare Komplementarität sind die sog. direkten und indirekten Netzwerkeffekte, die im folgenden Kapitel noch separat behandelt werden.

Beispiel für supermodulare Komplementarität: Elektrofahrzeuge und -ladestationen – „Einfach und unkompliziert mit Mercedes me Charge"

Das neue Elektrofahrzeug von Mercedes-Benz, der EQS, zeigt auf, wie eine supermodulare Komplementarität zum oben erwähnten Thema Elektromobilität und Ladestationen gestaltet werden kann. Auch hierbei müssen verschiedene Hard- und Software-Komponenten, auch von unterschiedlichen Partnern, zu einer Gesamtlösung aus Kundensicht integriert werden:

„Wo auch immer Sie sich unterwegs gerade befinden: Sie können Ihr Fahrzeug an unzähligen öffentlichen AC-Ladestationen (Wechselstrom) oder an speziellen DC-Schnellladestationen (Gleichstrom) wie z. B. von IONITY aufladen. Egal, ob vor dem Einkaufszentrum, einem Restaurant, am Hotel oder auf der Autobahn: Mit Mercedes me Charge erhalten Sie europaweit Zugang zu einer Vielzahl öffentlicher Ladestationen. Eine Smartphone-App zeigt die genaue Position, die aktuelle Verfügbarkeit und den Preis an der ausgewählten Ladestation an. Das im Fahrzeug installierte Navigationssystem wird ebenfalls mit diesen Daten versorgt und kann die Streckenführung entsprechend adaptieren. An der

Ladesäule erfolgt die Authentifizierung über die Anzeige auf dem Media-Display, die Smartphone-App oder die RFID-Karte. Alles Weitere wird über Mercedes me Charge ganz automatisch geregelt. Eine Anmeldung, eine Abrechnung. Für viele öffentliche und alle IONITY Ladestationen." (Mercedes Benz, 2021)

> Dazu kommen die Lademöglichkeiten für zu Hause, sei es über eine eigene „Wall-Box" oder über ein Standardladekabel über die klassische Steckdose. Entscheidend bei dieser supermodularen Komplementarität ist der Kundennutzen, der aus einer einzigen Systemlösung (Produkte und/bzw. Dienstleistungen eines Anbieters, auch wenn dieser auf Partner im Ökosystem zurückgreift) besteht. Nur so lassen sich unterschiedliche Ladeinfrastrukturen technisch so kombinieren, dass jede sich bietende Ladeoption genutzt werden kann. Hinzu kommen die Such- und Abrechnungsfunktionen der digitalen Dienstleistungen.

Die Komplementaritäten können jeweils ein- oder zweiseitig auftreten, je nachdem ob z. B. die Nutzung von Komplement A das Vorhandensein von Komplement B bzw. die Nutzung von Komplement B das Vorhandensein von Komplement A erfordert oder A und B komplementär zueinander sind. Des Weiteren schließt das Vorliegen einer bestimmten Art von Komplementarität nicht aus, dass weitere Arten von Komplementaritäten zwischen den Komplementen bestehen. Komplemente können, mit anderen Worten, unterschiedliche Komplementaritäten gleichzeitig aufweisen: „In the example of an OS platform/app ecosystem, the app and the platform have a unique complementarity in the sense that the app does not function without the OS (unique complementarity, unidirectional, as the OS operates without most apps); and supermodular complementarity, as the presence of apps increases the value of the OS, and (possibly) the breadth of the OS installation increases the value of the app" (Jacobides et al., 2018, S. 2263).

Die Unterscheidung zwischen den obigen drei Formen von Komplementarität ist insofern wichtig, da Ökosysteme Mechanismen zur Realisierung von Nutzenversprechen sind, deren modulare Teilleistungen supermodulare Komplementarität aufweisen. Supermodulare Komplementarität ist ein Deskriptor, der wesentlich erklären hilft, wann und warum sich Ökosysteme herausbilden oder nicht. Die

Stärke von Ökosystemen als Koordinationsmechanismen von Nutzenstiftung liegt darin, dass sie mit supermodularer Komplementarität ohne die Notwendigkeit von vertikaler Integration[4] umgehen und diese koordinieren kann. Ökosysteme sind eine Reaktion auf die Herausforderung, ein umfassendes geteiltes Nutzenversprechen angesichts supermodular komplementärer Teilleistungen zu realisieren.

In einer solchen Konstellation hat ein einzelnes Unternehmen kein Interesse daran, das Nutzenversprechen alleinstehend zu erfüllen, da das eigene Angebot mit zunehmender Zahl von Anbietern an Attraktivität zunimmt und es vor diesem Hintergrund schlichtweg nicht nötig ist, möglichst alle Anbieter über Allianzen, Lieferverträge oder vertikale und/oder horizontale Integration unter Kontrolle zu bringen (was auch ressourcentechnisch eine nicht stemmbare Herkulesaufgabe wäre). Die supermodulare Komplementarität birgt eine „Je mehr, desto besser"-Logik in sich, die es für ein Unternehmen attraktiv macht, wenn die Konkurrenten an Zahl zunehmen und gedeihen.

Dem Umgang der in einem Ökosystem verbundenen Unternehmen miteinander liegt somit nicht eine reine Wettbewerbslogik zugrunde, die primär in Konkurrenzkategorien denkt und auf Erfolg im gegenseitigen Kampf um Marktanteile ausgerichtet ist. Der Logik und Funktionsweise von Ökosystemen ist ein solches „Survival of the Fittest"-Denken nicht angemessen; diese erfordern vielmehr die Haltung der „Coopetition", die die Ökosystem-Unternehmen Wettbewerb (Competition) und Kooperation (Cooperation) in Balance denken lässt.

---

[4] Unter vertikaler Integration versteht man die Vereinigung von Unternehmen unterschiedlicher Stufen einer Wertschöpfungskette („supply chain"). Es handelt sich also um einen Zusammenschluss branchengleicher Unternehmen, die aufeinanderfolgender Verarbeitungs- oder Handelsstufen angehören. Je nachdem, in welche Richtung man sich aus Sicht des übernehmenden Unternehmens auf der Wertschöpfungskette bewegt, spricht man von einer Vorwärts- oder einer Rückwärtsintegration. Durch vertikale Integration erhöht sich die Fertigungstiefe, d. h. der „Anteil, den ein Unternehmen zu der Produktion eines immateriellen oder materiellen Wirtschaftsgutes beiträgt" (Erk & Spoun, 2020, S. 125). Im Gegensatz zur vertikalen bedeutet horizontale Integration den Zusammenschluss branchengleicher Unternehmen der gleichen Wertschöpfungsstufe.

„Complementarity implies a significant shift in perspective. While Porter's Five Forces sees organisations as battling against each other for share of industry value, complementors may cooperate to increase the total value available." (Johnson et al., 2017, S. 70)

Wie Das und Teng (2000, S. 85) darlegen, bedeutet Wettbewerb das Verfolgen eigener Interessen auf Kosten anderer, während unter Kooperation das Verfolgen gemeinsamer Interessen zu verstehen ist: „Competition is defined as pursuing one's own interest at the expense of others, while cooperation is the pursuit of mutual interests and common benefits in alliances."

In diesem Sinne kooperieren die zu einem Ökosystem zusammengeschlossenen Akteure insofern, als dass sie versuchen, gemeinsam einen Kundennutzen zu stiften, den sie allein nicht stiften könnten. Sie stehen jedoch gleichzeitig insofern in Konkurrenz zueinander, als dass alle um ein möglichst großes Stück des geldwerten Kuchens wetteifern, der sich als Gegenwert der Nutzenstiftung ergibt: „Firms in ecosystems balance cooperation to create value and competition to capture value. For example, while Universal Music and Apple cooperated to increase revenue, they competed to split that revenue and related profits." (Hannah & Eisenhardt, 2018, S. 3164) Um ein Bild aus der Biologie zu verwenden: Gejagt wird gemeinsam, aber beim Verteilen der Beute herrschen eigene, vom Orchestrator gesetzte Regeln. Diese Regeln – und hierauf ist bei der Monetarisierung von Ökosystemen zu achten – sollten vom Orchestrator so ausgestaltet sein, dass sie die übrigen mit ihm zu einem Ökosystem zusammengeschlossenen Unternehmen ausreichend motivieren, um auch in Zukunft Teil des Ökosystems zu bleiben und nicht zu einem anderen Rudel zu wechseln oder gar selbst eines aufzubauen.

2.2.3   Netzwerkeffekte

Aus ökonomischer Sicht sind Netzwerkeffekte ein Sonderfall der sog. externen Effekte (auch: Externalitäten). Letztere sind immer dann gegeben, wenn das Verhalten einer Person das Verhalten oder die

Situation einer anderen Person beeinflusst. Oder etwas technischer ausgedrückt: „They arise when an act of agent A imposes costs or confers benefits on agent B for which no compensation from A to B, or payment from B to A, takes place." (Barr, 2020, S. 50) Entsprechend definieren Stonig und Müller-Stewens (2019, S. 297) Netzwerkeffekte als „feedback loops that lead to externalities between the participants".

Von einem Netzwerkeffekt spricht man, wenn sich der Nutzen einer Leistung für einen Nutzer in Abhängigkeit der Gesamtzahl der Nutzer dieser Leistung verändert. In Abhängigkeit ihrer Richtung können Netzwerkeffekte positiver oder negativer Natur sein:

- Ein *positiver Netzwerkeffekt* ist dann gegeben, wenn eine Person einen größeren Nutzen aus der Inanspruchnahme einer Leistung zieht, je mehr Personen diese Leistung ebenfalls in Anspruch nehmen. Bei Vorliegen dieses Netzwerkeffekts „steigt der durchschnittliche Nutzen je Netzwerkteilnehmer mit zunehmender Netzwerkgröße" (Dietl, 2010, S. 66), was dazu führt, dass weitere Nutzer ermutigt werden, dem Netzwerk beizutreten. Ein positiver Netzwerkeffekt bezeichnet also „the increasing value of a product or service as the number of people using it grows" (Iansiti & Levien, 2004, S. 71): „The unique feature of network effects is that the value one user experiences potentially increases as more people or organizations use the same product or service and as more complementary innovations appear." (Cusumano et al., 2019, S. 16) Positive Netzwerkeffekte treten üblicherweise erst ab einer kritischen Masse von Personen auf; wird diese Schwelle an Personen nicht erreicht, fällt die Nachfrage nach der Leistung in sich zusammen; wird die Schwelle überschritten erhöht sich die Nutzerzahl jedoch nahezu automatisch. Ein klassisches Beispiel für einen positiven Netzwerkeffekt ist das Telefon: Ein einzelnes Telefon ist für seinen Besitzer nutzlos; und auch bei zwei Nutzern hält sich der Nutzen sehr in Grenzen, auch wenn diese immerhin schon einmal miteinander telefonieren können. Der Nutzen für die einzelne Person erhöht sich weiter, je mehr Personen ein Telefon nutzen.
- Ein *negativer Netzwerkeffekt* liegt vor, wenn eine Person einen geringeren Nutzen aus der Inanspruchnahme einer Leistung zieht,

je mehr Personen diese Leistung ebenfalls in Anspruch nehmen: „A negative network effect exists when every additional user of a system makes it less valuable to other users." (Tiwana, 2014, S. 34). Autobahnen, aber auch Luxusgüter sind typische Beispiele für negative Netzeffekte: Da sie sich durch Exklusivität auszeichnen, sinkt der Nutzen für den einzelnen Nutzer eines Luxusguts mit zunehmender Zahl an Nutzern. Ein weiteres Beispiel für einen negativen Netzwerkeffekt wäre eine Transaktionsplattform, der ab einer gewissen Menge an Nutzern das optimale Matching erschwert wird, oder ein Internetprovider, der die verfügbare Übertragungsrate mit zunehmender Zahl an Kunden für alle übrigen Kunden sinkt.

Wie das Beispiel der Transaktionsplattform zeigt, kann je nach Netzwerk ein positiver Netzwerkeffekt bei zu starkem Wachstum des Netzwerks und ohne das Ergreifen geeigneter Gegenmaßnahmen zur Aufrechthaltung des Nutzens ab einer gewissen Schwelle von Netzwerkmitgliedern auch in einen negativen Netzwerkeffekt umschlagen.

Neben der Unterscheidung in positiv und negativ lassen sich Netzwerkeffekte auch in stark und schwach unterscheiden, wobei die Stärke eines Netzwerkeffekts im Laufe der Zeit variieren kann:

* *Starke Netzwerkeffekte* zeichnen sich durch eine non-lineare bzw. überproportionale Veränderung des individuellen Nutzens in Relation zur Zunahme der Nutzerzahl aus. So steigt z. B. mit der Anzahl der Nutzer von Communities wie Facebook oder LinkedIn auch die Menge und Vielfalt an interessanten und relevanten Inhalten.
* Von einem *schwachen Netzwerkeffekt* wird gesprochen, wenn diese Veränderung „nur" linear bzw. proportional erfolgt. Wie Zhu und Iansiti (2019, S. 121) darlegen, weisen' z. B. Videospielkonsolen – anders als man vielleicht erwarten würde – nur schwache Netzwerkeffekte auf: „This is because video games are a hit-driven business, and a platform needs relatively few hits to be successful. The total number of game titles available isn't as important in console sales as having a few of the right games." Das erklärt auch, wieso im Jahr 2001 Microsofts neue Xbox eine Bedrohung für Sonys damals dominierende PlayStation 2 darstellte und wieso im Laufe der Zeit

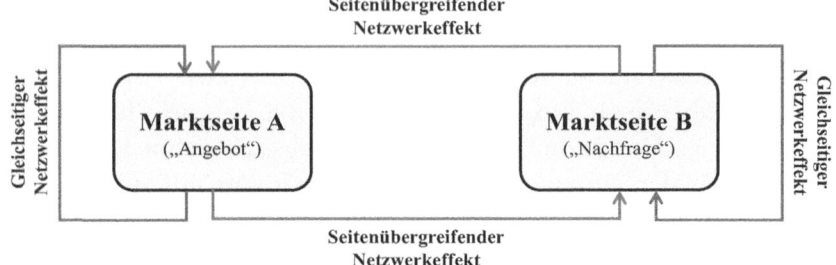

Abb. 2.1 Arten von Netzwerkeffekten. (Eigene Darstellung auf Basis von Dietl, 2010, S. 67)

mal die eine und dann wieder die andere Konsole den größeren Marktanteile hatte.

Eine dritte Unterscheidung ist die zwischen gleichseitigen und seitenübergreifenden Netzwerkeffekten (vgl. Abb. 2.1). Erstere Netzwerkeffekte (auch: same-side network effects) sind Netzwerkeffekte innerhalb der gleichen Marktseite, also z. B. innerhalb der Angebots- oder der Nachfrageseite; zweitere Netzwerkeffekte (auch: cross-side network effects) sind Netzwerkeffekte zwischen diesen beiden Marktseiten. Die gleichseitigen Netzwerkeffekte lassen sich weiter in direkte und indirekte Netzwerkeffekte unterteilen.

- Ein gleichseitiger Netzwerkeffekt ist ein *direkter gleichseitiger Netzwerkeffekt,* wenn die Nutzenzu- oder -abnahme für einen individuellen Nutzer von der Zu- oder Abnahme der Zahl aller Nutzer abhängt. Solch direkte gleichseitige Netzwerkeffekte der Nachfrageseite (auch: nachfrageseitiger Skaleneffekte)[5] liegen vor „when the benefit of network participation to a user depends on the number

---

[5] Angebotsseitige Skaleneffekte (auch: (supply-side) economies of scale) sind im Gegensatz dazu eine Funktion des Produktionsoutputs. Positive Skaleneffekte liegen vor, wenn die Produktionsmenge stärker steigt als die eingesetzten Produktionsfaktoren und eine Ausweitung der Produktion somit zu niedrigeren Kosten pro Produktionseinheit führt. In Transaktionsöko-

of other network users with whom they can interact" (McIntyre & Srinivasan, 2017, S. 143; vgl. Shapiro & Varian, 1999, S. 179 ff.); in diesem Fall erhöht jeder neue Nutzer unmittelbar den Nutzen des Netzwerks für alle anderen Nutzer. Es ist dieser spezifische Typ von Netzwerkeffekt, der der obigen Beschreibung von positiven, negativen, starken und schwachen Netzwerkeffekte zugrunde liegt und durch diese Unterscheidungen spezifiziert wird. Das Vorliegen eines direkten gleichseitigen Netzwerkeffekts in einem Ökosystem führt dazu, dass sich neue Kunden bevorzugt diesem Ökosystem anschließen, da es aufgrund dieses Netzwerkeffekts „eine höhere Attraktivität als kleinere Ökosysteme ausstrahlt" (Lechner & Dexheimer, 2019, S. 40). Das oben bereits erwähnte Beispiel der Telefonie ist ein Beispiel für einen direkt gleichseitigen Netzwerkeffekt. Nachfrageseitige Skaleneffekte sind bei Ökosystemen mit globalen Geschäftsmodellen (z. B. Reisebuchungsplattformen) größer als bei multilokalen Ökosystemen (z. B. Lebensmittellieferplattformen), wo sich die Netzwerkeffekte auf zwar viele, aber nur begrenzte lokale Cluster beschränken.

- *Indirekte gleichseitige Netzwerkeffekte* sind Netzwerkeffekte auf der Nachfrageseite, durch die bestehenden Nutzern einer bestimmten Leistung zusätzlicher Nutzen durch eine Erhöhung der Varietät der Komplemente zu dieser Leistung gestiftet wird: „Während direkte Netzwerkeffekte mit der Anzahl an Nutzern korrelieren, mit denen man interagieren kann, basieren indirekte Netzwerkeffekte auf der Verfügbarkeit und Vielfalt komplementärer Angebote. Je vielfältiger das Angebot, desto mehr Komplementoren werden angezogen, und desto attraktiver wird das Ökosystem für jeden neu eintretenden

---

systemen liegen solche Skaleneffekte vor, wenn die Durchschnittskosten je Benutzer für den Plattformbetreiber mit zunehmender Netzwerkgröße sinken. Diese Skaleneffekte sind „particularly strong in many digital ecosystems, which are frequently characterized by asset-light business models (Airbnb achieved a dominant position in the hospitality market without owning a single hotel), low-to-zero marginal cost (no significant effort of serving an additional customer on the Amazon Marketplace), and increasing returns on data (more effective matching of riders and drivers on a growing ride-hailing platform)." (Pidun et al., 2019)

Komplementor." (Lechner & Dexheimer, 2019, S. 40) So erhöht sich der Nutzen z. B. eines Smartphones mit der Zunahme der Anzahl und Varietät der verfügbaren Apps, ebenso wie sich der Nutzen einer Videospielkonsole durch die Zunahme der Anzahl und Varietät der verfügbaren Videospiele erhöht. Direkte Netzwerkeffekte stammen somit „from the increasing number or utility of the complements: The more there are or the higher quality they are, the more attractive the platform becomes to users and complementors, as well as other potential market actors such as advertisers (and investors)." (Cusumano et al., 2019, S. 19)

- *(Direkte) seitenübergreifende Netzwerkeffekte* (auch: Netzwerkkreuz-effekte) treten auf, „wenn die Attraktivität einer Plattform für jede Marktseite mit der Anzahl der Teilnehmer auf der anderen Markt-seite ansteigt" (Dietl, 2010, S. 66). Diese Art von Netzwerkeffekt ist immer direkt und kann in zwei Richtungen auftreten: Ein Netz-werk kann für Anbieter umso attraktiver sein, je mehr Nachfrager vorhanden sind; und es kann für Nachfrager umso attraktiver sein, je mehr Anbieter vorhanden sind. Beispiele für Netzwerke mit seiten-übergreifenden Netzwerkeffekten sind z. B. eBay (sowie praktisch alle Handels- oder Verkaufsplattformen) oder Visa.

Aus der Kombination von der nach ihrer Richtung (direction) und Seitigkeit (sidedness) unterschiedenen Netzwerkeffekte ergeben sich vier grundlegende Arten von Netzwerkeffekten (vgl. Abb. 2.2):

Die eben beschriebenen Netzwerkeffekte fungieren nicht nur als Markteintrittsbarrieren für alternative Ökosysteme, sondern führen in Konsequenz auch dazu, „dass sich die Marktanteile zwischen Unter-nehmen nicht einfach aufteilen, sondern Ökosysteme mit den stärksten Netzwerkeffekten andere Ökosysteme verdrängen und am Ende alleine dominieren – das sogenannte Winner-takes-it-all (or most) (WTA)-Szenario" (Dexheimer & Lechner, 2019, S. 310). Entsprechend gilt also, dass „je stärker die Netzwerkeffekte sind, desto unwahrschein-licher ist es, dass auf Dauer mehrere Plattformen nebeneinander über-lebensfähig bleiben" (Dietl, 2010, S. 70). Dieses Szenario ist am ausgeprägtesten in Ökosystemen, die nicht nur hohe Netzwerkeffekte, sondern auch hohe angebotsseitige Skaleneffekte aufweisen.

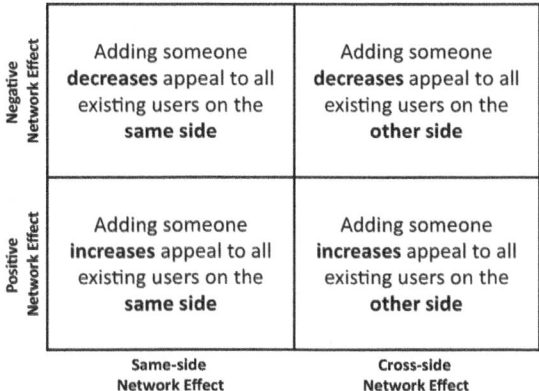

Abb. 2.2 Unterschiedliche Arten von Netzwerkeffekten in Ökosystemen. (Eigene Darstellung auf Basis von Tiwana, 2014, S. 36)

Netzwerkeffekte sind im vorangegangenen Kapitel als Beispiele für supermodulare Komplementarität charakterisiert worden. Nach den obigen Ausführungen können wir diese Charakterisierung nun noch etwas weiter konkretisieren. In den Ausführungen zur supermodularen Komplementarität wurde diese als auf Leistungen, Produkte oder sonstige Güter zutreffend beschrieben. Diese Aussage muss nun insofern geschärft werden, als dass nicht nur Leistungen, Produkte oder Güter super-modulare Komplemente sein können, sondern auch Menschen. Indirekte Netzwerkeffekte kommen aufgrund der supermodularen Komplementari-tät von durch Unternehmen erbrachte Leistungen bzw. hergestellte Produkte zustande. Direkte Netzwerkeffekte resultieren im Gegensatz dazu aus der supermodularen Komplementarität von Menschen.

Was bedeuten die bisherigen Ausführungen zu den Themen Modularität, Komplementarität und Netzwerkeffekten für das eigent-liche Thema dieses Kapitels, nämlich die Joint Value Proposition eines Ökosystems? Wenn wir die Fäden nun zusammenspinnen, ergeben sich folgende Aussagen: Ökosysteme können nur um Nutzenversprechen herum entstehen, die a) so umfassend sind, dass sie sich nur durch modular kombinierbare und von unterschiedlichen Unternehmen erbringbare Leistungen erfüllen lassen und die b) dem Anspruch der supermodularen Komplementarität gerecht werden. Letztere Bedingung impliziert, dass das dem Ökosystem zugrunde liegende Nutzenversprechen einen positiven direkten gleichseitigen, positiven indirekten gleichseitigen und/oder positiven seitenübergreifenden Netzwerkeffekt bietet; dieser Netzwerkeffekt sollte zudem starker Natur sein.

Beispiel 1: Das SAP-Partner-Ökosystem für Digitale Software Services

Die Netzwerkeffekte eines Software-Ökosystems führen dazu, dass sich weltweit einige marktführende „Player" herausgeschält haben, die unabhängig von der Größe des von ihnen adressierten Marktsegments grundsätzlich globale Vermarktungsmöglichkeiten mit länder- und branchenspezifischen Anpassungsmöglichkeiten haben. Als Beispiele lassen sich u. a. SAP, Oracle, Microsoft, Salesforce, Workday (ohne Anspruch auf Vollständigkeit) anführen. Der Wert des jeweiligen Ökosystems steigt mit jedem zusätzlichen Partner und Kunden sowie mit jeder zusätzlichen Softwareanwendung. Über die Zeit können immer mehr Speziallösungen für einzelne Kunden in die Standardlösung überführt werden. Dadurch profitieren die bestehenden wie auch neue Kunden dieses Ökosystems, das damit schrittweise immer „wertvoller" wird. Der einzelne Kunde profitiert damit von den Individualisierungsleistungen, die im gesamten Ökosystem von statten gehen, und nachfolgend allen Kunden zur Verfügung gestellt werden.

Hierzu der Hinweis auf das Entstehen des SAP-Ökosystems von einem Implementierungspartner der ersten Stunde (Hugentobler, 2021):

„SAP ist seit Beginn eine offene Plattform, an die Datenbanken, Hardware-Komponenten (früher lief SAP sogar auch auf proprietären IBM-Systemen) über definierte Schnittstellen andocken können. Der rasche Start von SAP war möglich, weil die Implementierung (die überwiegende Hauptarbeit eines IT-Projekts) von SAP selbst und auch von Partnern übernommen wurde. Ebenso wurden Betrieb (Outsourcing) und 1st/2nd/3rd-Level Support an Partner übertragen. Die Partner halfen so SAP zu einem schnellen Start: SAP wurde der Standard. SAP hatte zudem auch die Customizing-Möglichkeiten (Tabellen, Berichtsgeneratoren und die Programmiersprache ABAP) geöffnet und den Partner zur Verfügung gestellt. Gleichzeitig musste SAP immer abwägen, wie viel des Kuchens sie den Partnern übriglassen, und wie viel sie selber verspeisen wollten."

Siehe hierzu auch die Abbildung „SAP and its Partner Ecosystem" (Hinchcliffe, 2019).

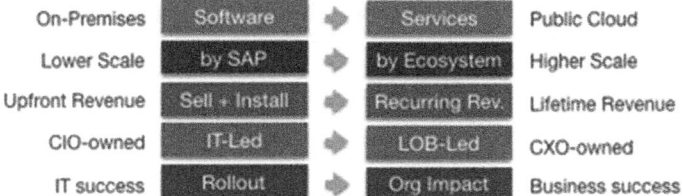

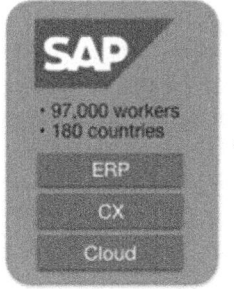

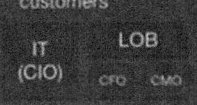

SAP and its Partner Ecosystem (Hinchcliffe, 2019)

Beispiel 2: tegos Group – Software-Ökosystem für die Entsorgungs- und Recyclingwirtschaft

Der Aufbau eines Ökosystems durch einen Weltmarktführer wie SAP ist leicht nachvollziehbar. Jedoch vollbringen auch mittelständische Software-Unternehmen in ihrem spezialisierten Bereich vergleichbare Aufbau- und Betreiberleistungen. Die angesprochenen Netzwerk-Effekte werden dabei mit jedem zusätzlichen Kunden, jedem zusätzlichen Land und jeder zusätzlichen digitalen Lösung „gesteigert". Das spezifische Branchenwissen wächst stetig und das Ökosystem wird dadurch schrittweise attraktiver für bestehende und neue Kunden sowie Partner.

Ein Beispiel hierfür stellt die tegos Gruppe aus Dortmund dar. Mittlerweile bietet das inhabergeführte Unternehmen in 25 Ländern ein Software-Leistungsökosystem für die Entsorgungs- und Recyclingwirtschaft und den Metallhandel an. Der CEO Andreas Kullmann sieht seine Rolle bzw. die seines Unternehmens dabei wie folgt: „Jede Branche braucht ihren Spielmacher." (tegos GmbH, 2021a)

Dazu die „tegos Group":

„Unter dem Begriff „One-tegos" vereinen wir unternehmensweit über 80 Mitarbeiter, ungezählte Ideen für innovative Business Solutions und ein großes Maß an Branchenexpertise. Seit über 20 Jahren sichern wir mit unseren IT-Lösungen die Wettbewerbsfähigkeit unserer Kunden aus der Entsorgungs- und Recyclingwirtschaft sowie dem Metall- und Altmetallhandel. 350 Kunden in 25 Ländern zählen auf unsere Software-Lösungen – basierend auf der zukunftssicheren Technologie von Microsoft Dynamics 365 Business Central. Ob an der Waage, in der Buchhaltung, in der Qualitätskontrolle oder in der Logistik: für über 8900 User hat sich das Arbeitsleben durch den Einsatz unserer Branchenlösungen enwis und comotor entscheidend verändert und vieles vereinfacht. Praktische Add-Ons (z. B. clevere Dispositionslösungen) und innovative Apps, wie z. B. die Trader-App für den Metallhändler, runden unser Leistungsportfolio ab. Auf Basis unserer langjährigen Branchenerfahrung erarbeiten wir gemeinsam mit Ihnen, unseren Kunden, maßgeschneiderte Lösungen, mit denen Sie die Herausforderungen von morgen – steigende Dokumentationspflichten, schwankende Rohstoffpreise, internationale Marktverflechtungen u. v. m. souverän meistern werden." (tegos GmbH, 2021a)

Konkret umgesetzt wird dieses Ökosystemversprechen u. a. mit der Plattform „tegossuite":

„Die neue Plattform zur Digitalisierung der Entsorgungs- und Recyclingwirtschaft tegossuite ist die persönliche, mitwachsende und umfassende
Digitalisierungslösung für die Entsorgungs- und Recyclingwirtschaft. Auf
dieser Plattform finden Unternehmen intelligent verknüpfte Lösungen,
Apps und Services für die individuelle, schrittweise und kontinuierliche Transformation hin zu modernen und zukunftsfähigen Geschäftsmodellen. Der Ort, an dem Recycling- und Entsorgungsunternehmen
alles finden, was sie brauchen. Alle Bestandteile der tegossuite Plattform
greifen ineinander, keine Schnittstelle hindert den Datenfluss. Selbst
die Services sind übergreifend konzipiert, denn die Digitalisierung ist
nie die Aufgabe einer Fachabteilung, sondern immer die einer ganzen
Organisation." (tegos GmbH, 2021b)

Literatur

Barr, N. (2020). *Economics of the welfare state* (6. Aufl.). Oxford University
Press.

Cusumano, M. A., Gawer, A., & Yoffie, D. B. (2019). *The business of platforms.
Strategy in the age of digital competition, innovation, and power.* Harper
Collins.

Das, T. K., & Teng, B.-S. (2000). Instabilities of strategic alliances: An internal
tensions perspective. *Organization Science, 11*(1), 77–101.

Dexheimer, M. J., & Lechner, C. (2019). Ökosystem-basierte Wettbewerbsstrategien. *Die Unternehmung, 73*(4), 308–321.

Dietl, H. (2010). Erfolgsstrategien im Plattformwettbewerb. *Schmalenbachs
Zeitschrift für betriebswirtschaftliche Forschung, 62*(10), 63–83.

Erk, C., & Spoun, S. (2020). *Integrativ Managen: Ein Modell für eine effektive
Praxis der Unternehmensführung.* Springer Gabler.

Gossain, S., & Kandiah, G. (1998). Reinventing value: The new business ecosystem. *Strategy & Leadership, 26*(5), 28–33.

Hannah, D. P., & Eisenhardt, K. M. (2018). How firms navigate cooperation
and competition in nascent ecosystems. *Strategic Management Journal,
39*(12), 3163–3192.

Hugentobler, A. (2021). Schriftliche Kommentare zur Rohfassung des vorliegenden Buches. Juni 2021, St.Gallen.

Iansiti, M., & Levien, R. (2004). Strategy as ecology. *Harvard Business Review,
82*(3), 68–78.

Jacobides, M. G., Cennamo, C., & Gawer, A. (2018). Towards a theory of ecosystems. *Strategic Management Journal, 39*(8), 2255–2276.

Johnson, G., Whittington, R., Scholes, K., Angwin, D., & Regnér, P. (2017). *Exploring strategy. Text and cases* (Eleventh). Pearson.

Lechner, C., & Dexheimer, M. J. (2019). Ökosysteme: Eine neue Strategie im digitalen Zeitalter? *OrganisationsEntwicklung: Zeitschrift für Unternehmensentwicklung und Change Management, 3*, 38–43.

McIntyre, D. P., & Srinivasan, A. (2017). Networks, platforms, and strategy: Emerging views and next steps. *Strategic Management Journal, 38*(1), 141–160.

Müller-Stewens, G., & Stonig, J. (2019). Unternehmens-Ökosysteme und Plattformen: Auf dem Weg zu einem geteilten Verständnis. *Die Unternehmung, 73*(4), 374–380.

Payne, A., & Frow, P. (2014). Developing superior value propositions: A strategic marketing imperative. *Journal of Service Management, 25*(2), 213–227.

Pidun, U., Reeves, M., & Schüssler, M. (2019). *Do you need a business ecosystem?* Boston Consulting Group & BCG Henderson Institute. Letzter Zugriff am 21.06.2021 über https://www.bcg.com/en-ch/publications/2019/do-you-need-business-ecosystem.

Reillier, L. C., & Reillier, B. (2017). *Platform strategy: How to unlock the power of communities and networks to grow your business.* Routledge.

Schweizer Armee & Universität St.Gallen. (2019/2020). *Integrations- und Capstone-Seminare 2019 und 2020 des Kommandos Ausbildung der Schweizer Armee mit Studierenden der Universität St.Gallen.* St.Gallen & Bern.

Shapiro, C., & Varian, H. R. (1999). *Information rules: A strategic guide to the network economy.* Harvard Business School Press.

Stonig, J., & Müller-Stewens, G. (2019). Navigating the challenges of ecosystem emergence: A multi-level review of leader and complementor strategies. *Die Unternehmung, 73*(4), 288–307.

Tiwana, A. (2014). *Platform ecosystems: Aligning architecture, governance, and strategy.* Morgan Kaufmann/Elsevier.

Zhu, F., & Iansiti, M. (2019). Why some platforms thrive and others don't. *Harvard Business Review, 97*(1), 119–125.

Internetquellen

Deutsche Börse. (2021a). *Gruppe Deutsche Börse – Unternehmensporträt.* Letzter Zugriff am 21.06.2021 über https://deutsche-boerse.com/dbg-de/ unternehmen/gruppe-deutsche-boerse.

Deutsche Börse. (2021b). *Unser Purpose.* Letzter Zugriff am 21.06.2021 über https://deutsche-boerse.com/dbg-de/unternehmen/gruppe-deutsche-boerse/ purpose.

Drees & Sommer. (2021). *Blue City – Integrated Urban Solutions.* Letzter Zugriff am 21.06.2021 über https://www.dreso.com/de/dreso/nachhaltig/ blue-city.

Helvetia. (2021a). *Wer wir sind.* Letzter Zugriff am 21.06.2021 über https:// www.helvetia.com/corporate/web/de/home/ueber-uns/uebersicht/wer-wir-sind.html.

Helvetia. (2021b). *Unternehmensbroschüre 2020. Highlights und Herausforderungen in 2020.* Letzter Zugriff am 21.06.2021 über https://www. helvetia.com/content/dam/os/corporate/web/documents/investor-relations/ business-publications/brochure/2020/unternehmensbroschuere-2020. pdf und https://www.helvetia.com/corporate/web/de/home/investoren/ uebersicht/publikationen/unternehmenspublikationen.html.

Hinchcliffe. (2019). *How SAP's partner ecosystem is built for long-term growth.* February 5, 2019. Letzter Zugriff am 21.06.2021 über https://www.zdnet. com/article/how-saps-partner-ecosystem-is-built-for-long-term-growth.

Mercedes Benz. (2021). *Unterwegs laden.* Letzter Zugriff am 21.06.2021 über https://www.mercedes-benz.com/de/eq/laden-und-services/laden-unter-wegs.

Smile. (2021). *Versicherung ohne Blabla.* Letzter Zugriff am 21.06.2021 über https://www.smile-direct.com.

tegos GmbH. (2021a). *Jede Branche braucht ihren Spielmacher.* Letzter Zugriff am 21.06.2021 über https://www.tegos-group.com/de/tegos-group.

tegos GmbH. (2021b). *tegossuite.* Letzter Zugriff am 21.06.2021 über https:// www.tegos-group.com/de/tegossuite.

3

Ökosystem-Akteure und -Rollen

Zusammenfassung Kapitel 3 wirft einen Blick auf die ein Unternehmens-Ökosystem konstituierenden Ökosystem-Akteure und die generischen Rollen, die von diesen je nach Ökosystem-Typus eingenommen werden können. Nicht jede Rolle, die ein Akteur innerhalb eines Lösungsökosystems einnehmen kann, findet sich auch in einem Transaktionsökosystem. Dies ist insofern relevant, da die in einem Ökosystem vorfindbaren Rollen unter anderem auch einen Einfluss auf die Rolle und Tätigkeit des jeweiligen Ökosystem-Orchestrators haben.

Wenn man einen Blick auf die zu einem Ökosystem zusammengeschlossenen Unternehmen wirft, so zeigt sich, dass nicht alle Mitglieder bzw. Akteure die gleiche Rolle einnehmen. Die Rollen in einem Ökosystem sind vielfältig. Welche Rollen in einem Ökosystem existieren, hängt davon ab, um was für einen Typ von Ökosystem es sich handelt.

© Der/die Autor(en), exklusiv lizenziert durch Springer Fachmedien Wiesbaden GmbH, ein Teil von Springer Nature 2021
C. Erk und C. Müller, *Unternehmens-Ökosysteme*,
https://doi.org/10.1007/978-3-658-35359-9_3

3.1 Lösungsökosysteme

Lösungsökosysteme bestehen – wie in Abb. 3.1 dargestellt – aus einem sog. Orchestrator (orchestrator; auch: keystone, lead organisation) und aus einer Vielzahl von sog. Komplementären (auch: Komplementoren; complementors; niche players). Der Orchestrator eines Lösungsökosystems ist das Unternehmen, das die Kernleistung (focal offer) anbietet, die durch von den Komplementären angebotene Komplemente zu einem umfassenden Leistungssystem ergänzt wird. Er koordiniert die Aktivitäten und stellt die das Ökosystem ordnenden Prinzipien und Regeln (Governance) auf.

Bei einem Komplementär handelt es sich um ein „unabhängiges Unternehmen, das für die Nutzer des Ökosystems Produkte und Dienstleistungen anbietet" (Lechner & Dexheimer, 2019, S. 39). Die Komplementäre eines Ökosystems sind „die Partner, welche als Anbieter komplementärer Teilleistungen fungieren" (Müller-Stewens & Stonig,

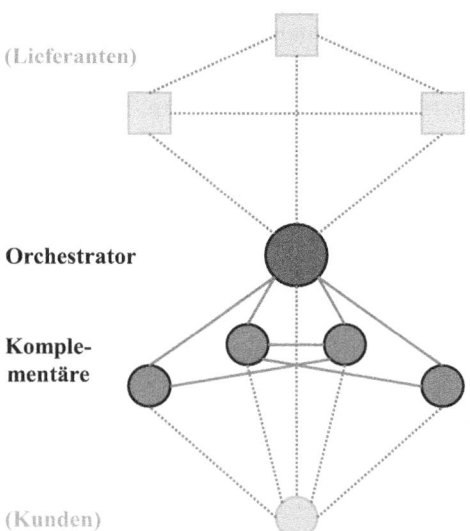

Abb. 3.1 Lösungsökosysteme: Mitglieder/Akteure und Rollen

2019, S. 4 f.), d. h. die einzelnen modularen und komplementären Teilleistungen (Komplemente) anbieten, die zur Erfüllung des Nutzenversprechens nötig sind. Die Anzahl der Komplementäre eines Ökosystems
beeinflusst wesentlich das Ausmaß der Netzwerkkreuzeffekte, die die
Kunden dieses Ökosystems genießen.

> **Definition**
>
> „Complementors are the independent providers of complementary
> products to mutual customers." (McIntyre & Srinivasan, 2017, S. 143)
>
> „An organisation is your complementor if it enhances your business
> attractiveness to customers or suppliers. On the demand side, if
> customers value a product or service more when they also have the
> other organisation's product there is a complementarity with respect to
> customers." (Johnson et al., 2017, S. 69 f.)
>
> „Complementors represent a key role played by firms in an ecosystem.
> These are the actors who produce complementary products and services
> that contribute towards the focal offer's value creation (e.g., apps for
> smartphone, charging infrastructure for electric cars, physician services for
> hospitals)." (Kapoor, 2018)

Es sind letzten Endes die Komplementäre, die „in ihrer Gesamtheit
ein vitales, pulsierendes Business Ecosystem ausmachen" und „für die
meisten innovativen Lösungen des gesamten Ökosystems" sorgen
(Mumm, 2017, S. 70).

Die hohe Zahl der Komplementäre in einem Ökosystem bringt
die Notwendigkeit mit sich, die Aktivitäten dieser Unternehmen zu
koordinieren und auf das geteilte Nutzenversprechen ausgerichtet
zu halten. Dies ist die Aufgabe des Orchestrators des Ökosystems.
Der Orchestrator ist entsprechend der „zentrale Akteur, der die
Koordination der Aktivitäten der Komplementoren in einem Ökosystem übernimmt" (Lechner & Dexheimer, 2019, S. 39). Als „Öko-
system-Leader, welcher die Führungsrolle und Koordinationsaufgabe
übernimmt" (Müller-Stewens & Stonig, 2019, S. 4 f.) sorgt er für die
synergetische Integration der Teilaktivitäten der Komplementäre zu
einer das Nutzenversprechen einlösenden Gesamtleistung.

> „In einem Ökosystem geht es also um das „Alignment" (auf Deutsch Ausrichtung oder Koordination) verschiedener Teilleistungen in eine Mehrwert schaffende Problemlösung. Ein einzelnes Unternehmen ist nicht in der Lage, das komplexe Nutzenversprechen allein bereitzustellen, bzw. ist dies strategisch nicht sinnvoll" (Müller-Stewens & Stonig, 2019, S. 5)

Der Orchestrator ist also das Unternehmen innerhalb eines Ökosystems, das das große Ganze und den Erfolg des gesamten Ökosystems im Blick hat. Es definiert das dem Ökosystem zugrunde liegende Geschäftsmodell und die Vision, an der sich die übrigen Ökosystemakteure ausrichten können. Zudem obliegt es ihm, die Innovationsaktivitäten der Komplementäre zu motivieren und zu koordinieren und so die kontinuierliche Weiterentwicklung des Leistungssysteme sicherzustellen.

Die angesprochene Koordination geschieht in Lösungsökosystemen durch die Vorgabe von stabilen Standards bzw. Grundanforderungen und Schnittstellen, innerhalb derer die Komplementäre relativ frei entscheiden können.

> „From this perspective, ecosystems allow for some degree of coordination without requiring hierarchical governance precisely because of the ability to use some standards or base requirements that allow complementors to make their own decisions (in terms of design, prices, etc.), while still allowing for a complex interdependent product or service to be produced." (Jacobides et al., 2018, S. 2263)

In den meisten Lösungsökosystemen – wie z. B. denen von Microsoft Windows, Google Android, Apple iOS, and Amazon Web Services – bieten die Orchestratoren somit die „technological building blocks that third-party innovators use to develop new complementary products or services" (Cusumano et al., 2019, S. 68). Zur Bereitstellung dieser auch „Plattform" genannten und zur Umsetzung des Ökosystemgeschäftsmodells nötigen Infrastruktur gehört z. B. die Offenlegung der sog. „application programming interfaces" (API) und das Anbieten von Werkzeugen, die die Erstellung von Komplementen wie Software-anwendungen für Computer und Smartphones erleichtern. Die „Richtlinienkompetenz" des Orchestrators „beinhaltet sowohl technischen Aspekte z. B. hinsichtlich eingesetzter Technologien oder Entwicklungswerkzeuge als auch Gütekriterien der produzierten Module hinsichtlich Qualitäts- und Akzeptanzkriterien, dem Mindestmaß an zu liefernder Funktionalität oder der Einhaltung von Designvorgaben" (Mumm, 2017, S. 69).

Da Ökosysteme immer nur als Ganzes florieren, besteht die Herausforderung für die Orchestratoren darin, dass sie ihre eigene Wertschöpfung nicht gegen oder auf Kosten der Komplementäre generieren, sondern das Ökosystem so entwickeln, dass sich der höchste Wertbeitrag für alle ergibt. Orchestratoren müssen also „the co-opetitive tensions between value creation and appropriation in the ecosystem" (Stonig & Müller-Stewens, 2019, S. 300) ausbalancieren. Während die Mitglieder eines Ökosystems miteinander kooperieren müssen, um das gemeinsame Nutzenversprechen realisieren zu können, stehen sie in Bezug auf die Verteilung der generierten Wertschöpfung in Konkurrenz zueinander. Um diese durch „Coopetition" – also einer Kombination aus Kooperation (cooperation) und Wettbewerb (competition) – gekennzeichnete Situation im Gleichgewicht zu halten, obliegt dem Orchestrator somit die entsprechend wichtige Daueraufgabe, das „fair value sharing among ecosystem members" (Pidun et al., 2019) zu gewährleisten. In diesem Zusammenhang sollten Orchestratoren nicht der Versuchung erliegen, die relative Machtposition, die sie aufgrund der Tatsache besitzen, dass sie üblicherweise die Schnittstelle zum Kunden besetzen und den Grossteil der generierten Wertschöpfung abschöpfen, auf Kosten der übrigen Mitglieder des Ökosystems zu Ihren Gunsten auszunutzen. Ökosysteme überleben nur dann, wenn es idealerweise allen Mitgliedern gut geht. Wenn die Mitglieder eines Ökosystems die Verteilung der Wertschöpfung nicht als fair erachten, werden sie sich von diesem Ökosystem ab- und einem attraktiveren zuwenden.

Obwohl natürlich auch Lösungsökosysteme ohne Kunden nicht funktionieren und Kunden das Ökosystem für Komplementäre überhaupt erst attraktiv machen, so werden die Kunden in Lösungsöko-systemen üblicherweise nicht als Teil des Ökosystems betrachtet. Ebenso gelten die Lieferanten des Orchestrators und der Komplementäre nicht als Teil des Ökosystems.

Beispiel: Orchestrierung des Lösungs-Ökosystems der European Dental Group

Ein Beispiel aus dem Gesundheitswesen ist die Orchestrierungsleistung der European Dental Group. Hierzu ein Blick auf die Funktionsweise dieses Ökosystems, aus Sicht des Orchestrators: „Die European Dental Group (EDG) ist das führende Netzwerk für Zahnheilkunde in Europa. Es wurde von Zahnärzten in den Niederlanden ins Leben gerufen, um Patientinnen und Patienten die jeweils bestmögliche Behandlung auf dem neuesten Stand der Wissenschaft anzubieten. Der enge Austausch in einem inspirierenden, zukunftsorientierten Arbeitsumfeld ist dabei der Motor, der uns alle antreibt. Als europaweites Netzwerk ist die European Dental Group derzeit in sechs Ländern aktiv. In unseren Zahnarztpraxen behandeln wir europaweit mehr als 900.000 Patientinnen und Patienten pro Jahr. Unsere zahntechnischen Labore beliefern europaweit mehr als 4000 Zahnarztpraxen. Ob Prävention, zahnärztliche Behandlung oder zahntechnische Arbeiten – für uns zählt immer jeder einzelne Baustein. Alle unsere Mitarbeiterinnen und Mitarbeiter – ZMF (Zahnmedizinische Fachassistenz), Prophylaxekräfte, Zahnmediziner, Zahntechniker und die Mitglieder unseres Verwaltungsteams – arbeiten jeden Tag für die best-mögliche Versorgung der Patientinnen und Patienten.

Um unsere Organisation weiter zu entwickeln, investieren wir ins-besondere in:

- den kontinuierlichen, fachlichen Wissensaustausch zwischen Kollegen
- die Weiterbildung und Spezialisierung aller Mitarbeiter
- die besten „Workflows", Ausstattung, Technologien und Materialien
- die Erreichbarkeit und den Komfort für unsere Patienten.

Die European Dental Group bietet professionelle Unterstützung z. B. bei Personalwesen, Umsetzung des Datenschutzes, Marketing, IT und Finanz-buchhaltung. Auf diese Weise stehen wir den Teams vor Ort bei der Bewältigung der Unzahl an Prozessen im Bereich Regulatorik und Ver-waltung, der sie sich heute gegenübersehen, zur Seite. Wir entwickeln uns kontinuierlich weiter und setzen so gemeinsam die Vision höchster Quali-tät im Sinne des Patientenwohls um." (EDG, 2021)

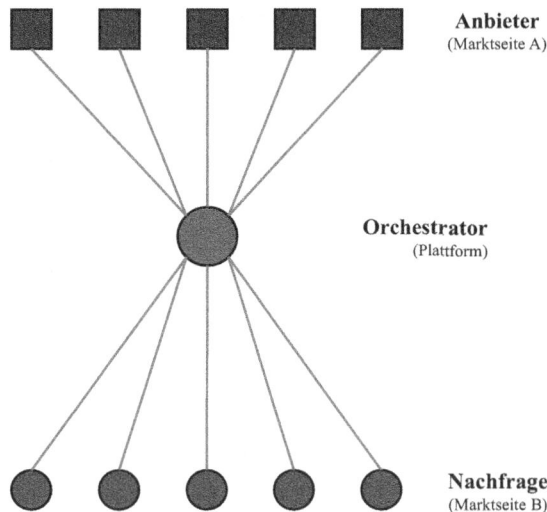

Abb. 3.2 Transaktionsökosysteme: Mitglieder/Akteure und Rollen

3.2 Transaktionsökosysteme

Transaktionsökosysteme setzen sich aus drei Klassen von Akteuren zusammen: den Anbietern (Marktseite A), den Nachfragern (Marktseite B) und dem Orchestrator (vgl. Abb. 3.2). Die Lieferanten des Orchestrators sind nicht Teil des Ökosystems.

Der Orchestrator erfüllt in einem Transaktionsökosystem eine etwas andere Aufgabe als in einem Lösungsökosystem. In Transaktionsökosystemen fungiert der Orchestrator als Eigentümer und üblicherweise auch als Betreiber einer Plattform, die die beiden Marktseiten mit- sowie untereinander verbindet und es ihnen erlaubt, in Interaktion miteinander zu treten – und so Netzwerkeffekte in Gang setzt.[1] Er definiert die

---

[1] Wie Dietl (2010, S. 71) darlegt, besitzt der Plattformeigentümer „die Eigentumsrechte an der Plattform. Er kann die Plattform verändern und bestimmt, wer die Plattform betreibt." Sofern der Orchestrator als Eigentümer der Plattform die Plattform nicht selbst operativ betreiben und als Anlaufstelle für alle Plattformbenutzer fungieren möchte, kann er einen Plattformbetreiber lizenzieren und mit diesen Aufgaben betrauen.

Architektur der Plattform und legt auch die Regeln und Standards zur Nutzung der Plattform und damit zur Partizipation am Ökosystem fest.

Als Marktseite A werden die angebotsseitigen, als Marktseite B die nachfrageseitigen Plattformbenutzer bezeichnet. Beide Marktseiten spielen für das Ökosystem eine wichtige, da netzwerkeffektgenerierende Rolle.

Da die Wertschöpfung in Transaktionsökosystemen von der Zahl der erfolgreich abgeschlossenen nutzenstiftenden Transaktionen abhängt, ist es wesentliche Aufgabe des Orchestrators eines solchen Ökosystems, das Zustandekommen dieser Transaktionen zu befördern: „In addition to establishing and facilitating the matchmaking mechanism, the role of the platform orchestrator is to manage access to the platform, establish standards and rules, and set incentives for both sides of the market in order to grow the ecosystem and exploit network effects." (Pidun et al., 2019)

Beispiel: Omnichannel-Software Plattform von Gonnado

Das Berner (und Berlin-Kreuzberger) Unternehmen bzw. Scale Up „Gonnado" bietet stationären Händlern, Dienstleistern und Freizeit- und Fitnesseinrichtungen aus verschiedensten Branchen eine Omnichannel-Software Plattform an, um sowohl in den Filialen als auch im Onlineshop digitale Marketingtools zu verwenden: Digitale Coupons, Conversion Tracking, Website Layers, Online Werbung, Landing Pages und Lead Formulare.

Dazu Gonnado:

„Unternehmen messen den Erfolg ihrer Online-Werbung normalerweise nur im Onlineshop. Doch im Durchschnitt erzielen sie 90 % des Umsatzes in den Filialen. Ein grosser Teil der Werbewirkung wird somit nicht gemessen. Unsere Aufgabe ist es, stationäre Verkäufe messbar zu machen. Wir wollen, dass Offline Verkäufe genauso in Ihren Online-Statistiken erscheinen, wie die Verkäufe in Ihrem Onlineshop. Das Ergebnis? Die Anzahl Conversions in Ihren Ad Accounts steigt erheblich, dadurch funktionieren Conversion-optimierte Gebotsstrategien genauer und der Preis pro Conversion wird gesenkt. Wir bieten eine einzigartige Plattform zur Messung und Steigerung des Umsatzes, welcher die Onlinewerbung im stationären Handel erzielt. Unserer Technologie ermöglicht uns, dass unsere Kunde nur auf Leistungsbasis zahlen, also pro Verkauf oder pro Lead. Nur Gonnado bietet Ihnen die Kombination von Programmatic Advertising, Mobile Couponing und Conversion Tracking, welche notwendig ist, um den ROI Ihrer Onlinemarketing-Massnahmen im stationären Handel zu maximieren." (Gonnado, 2021)

Unabhängig vom vorliegenden Ökosystemtypus sollten sich Unternehmen, die sich Gedanken zum Aufbau eines Ökosystems machen, bewusst sein, dass nicht jedes Unternehmen einfach so Orchestrator sein kann: „Few companies, though, are really in a position to do this." (Fuller et al., 2019) Um die Rolle eines Orchestrators übernehmen zu können, muss ein Unternehmen eine Reihe von Voraussetzungen erfüllen:

- Es braucht eine klare Mission, Vision und Strategie (inkl. Monetarisierung);
- es muss ausreichend hohe Investitionsmittel zur Verfügung haben;
- es muss hohes Durchhaltevermögen/Geduld, Experimentierfreudigkeit, Lernfähigkeit und Anpassungsfähigkeit mitbringen;
- es sollte eine starke Marke, d. h. nicht nur Zugang zu, sondern auch Akzeptanz von potentiellen Ökosystemmitgliedern haben;
- und nicht zuletzt sollte es die relevanten Fähigkeiten (z. B. zum Aufbau einer digitalen Plattform und zum Führen eines Ökosystems) besitzen.

Wenn diese Voraussetzungen nicht gegeben sind, dann sollte sich das betreffende Unternehmen allenfalls nicht an den Aufbau eines eigenen Ökosystems machen, sondern sich – je nachdem –einem Lösungsökosystem oder einem Transaktionssystem anschließen. Hierzu benötigt es aber natürlich auch ein grundlegendes Verständnis über Wesen und Funktionsweise von Ökosystemen und sollte sich darüber hinaus noch Gedanken machen, welchem (oder welchen) Ökosystem(en) es sich aufgrund dessen strategischer Relevanz anschließen wollen, welche im Kontext des Ökosystems nötigen Fähigkeiten es bereits besitzt, welche sie aufbauen müssen und welches Geschäftsmodell das betreffende Ökosystem verfolgt, insbesondere in Bezug auf dessen Ertragsmechanik.

Literatur

Cusumano, M. A., Gawer, A., & Yoffie, D. B. (2019). *The business of platforms. Strategy in the age of digital competition, innovation, and power.* Harper Collins.

Dietl, H. (2010). Erfolgsstrategien im Plattformwettbewerb. *Schmalenbachs Zeitschrift für betriebswirtschaftliche Forschung, 62*(10), 63–83.

Jacobides, M. G., Cennamo, C., & Gawer, A. (2018). Towards a theory of ecosystems. *Strategic Management Journal, 39*(8), 2255–2276.

Johnson, G., Whittington, R., Scholes, K., Angwin, D., & Regnér, P. (2017). *Exploring strategy. Text and cases* (Eleventh). Pearson.

Kapoor, R. (2018). Ecosystems: Broadening the locus of value creation. *Journal of Organization Design, 7*, 12.

Lechner, C., & Dexheimer, M. J. (2019). Ökosysteme: Eine neue Strategie im digitalen Zeitalter? *OrganisationsEntwicklung: Zeitschrift für Unternehmensentwicklung und Change Management, 3*, 38–43.

McIntyre, D. P., & Srinivasan, A. (2017). Networks, platforms, and strategy: Emerging views and next steps. *Strategic Management Journal, 38*(1), 141–160.

Müller-Stewens, G., & Stonig, J. (2019). Digitale Transformation: Werttreiber beim Aufbau plattformbasierter Ökosysteme in etablierten Unternehmen. *Controlling: Zeitschrift für erfolgsorientierte Unternehmenssteuerung, 31*(6), 4–10.

Mumm, S. A. (2017). *Handlungsempfehlungen für die Konzeption, Entwicklung und Etablierung eines plattformbasierten Business Ecosystems auf Basis einer Langzeitintervention bei einem KMU-Softwarehersteller.* Dissertation der Universität Hamburg. Universität Hamburg. Letzter Zugriff am 21.06.2021 über https://ediss.sub.uni-hamburg.de/handle/ediss/7820.

Pidun, U., Reeves, M., & Schüssler, M. (2019). Do you need a business ecosystem? Boston Consulting Group & BCG Henderson Institute. Letzter Zugriff am 21.06.2021 über https://www.bcg.com/en-ch/publications/2019/do-you-need-business-ecosystem.

Stonig, J., & Müller-Stewens, G. (2019). Navigating the challenges of ecosystem emergence: A multi-level review of leader and complementor strategies. *Die Unternehmung, 73*(4), 288–307.

Internetquellen

EDG. (2021). *Willkommen bei der European Dental Group*. Letzter Zugriff am 21.06.2021 über https://www.edg-deutschland.de.

Gonnado. (2021). *Über uns*. Letzter Zugriff am 21.06.2021 über https://gonnado.com/de_DE/ueber-uns.

Fuller, Jack, Michael G. Jacobides & Martin Reeves (2019). The Myths and Realities of Business Ecosystems. *MIT Sloan Management Review, 60*(3), 1–9. Letzter Zugriff am 21.06.2021 über https://sloanreview.mit.edu/article/the-myths-and-realities-of-business-ecosystems.

4

Plattformbasierte Ökosysteme

Zusammenfassung Dieses Kapitel richtet seinen Fokus auf plattform-
basierte Unternehmens-Ökosysteme. Dabei wird das Konzept einer
Plattform und damit der Infrastruktur konkretisiert, mit deren Hilfe die
Ökosysteme ihre Akteure und Objekte vernetzen.

Bisher war von Plattformen die Rede, ohne dass definiert worden ist,
was genau darunter zu verstehen ist. Was also ist diese ominöse Plattform? Die für Ökosysteme relevante Art von Plattform ist nicht
die auch Produktplattform genannte und z. B. aus der Automobilindustrie bekannte gemeinsame technische Basis für verschiedene
Modellvarianten eines Produkts. Solche internen oder unternehmens-
spezifischen Plattformen sind „a set of assets organized in a common
structure from which a company can efficiently develop and produce
a stream of derivative products" (Gawer & Cusumano, 2014, S. 418).
Dieser Typus von Plattform erlaubt es Unternehmen die Entwicklung
und Produktion von Produktfamilien, also Gruppen vielfältiger, aber
aus standardisierten Modulen abgeleiteter Produkte, die oftmals unter
einer gemeinsamen Dachmarke vertrieben werden.

© Der/die Autor(en), exklusiv lizenziert durch Springer Fachmedien Wiesbaden
GmbH, ein Teil von Springer Nature 2021
C. Erk und C. Müller, *Unternehmens-Ökosysteme*,
https://doi.org/10.1007/978-3-658-35359-9_4

Im Gegensatz dazu sind die im Kontext von Ökosystemen gemeinten Plattformen externe Plattformen, also Plattformen, die ein Unternehmen nicht exklusiv für seine eigenen Aktivitäten nutzt, sondern auch Unternehmen bzw. Nutzern zur Verfügung stellt, die nicht zum Unternehmen gehören oder von diesem hierarchisch kontrolliert werden. Die ihm zugrunde liegende Plattform ist als „interface among different kinds of actors" (Adner, 2017, S. 50) bzw. „technologische Infrastruktur zur Vernetzung von Akteuren und Objekten" (Müller-Stewens & Stonig, 2019, S. 376) das, was ein Ökosystem zusammenhält und sein Funktionieren möglich macht. Ökosystem-Plattformen „connect individuals and organizations for a common purpose or to share a common resource. [...] They bring together individuals and organizations so they can innovate or interact in ways not otherwise possible with the potential for nonlinear increases in utility and value." (Cusumano et al., 2019, S. 13)

Lösungsökosystemen liegen hierbei Lösungsplattformen (auch: Innovationsplattformen) zugrunde; Transaktionsökosysteme basieren auf Transaktionsplattformen.

4.1 Lösungsplattformen

Lösungsplattformen „usually consist of common technological building blocks that the owner and ecosystem partners can share in order to create new complementary products and services" (Cusumano et al., 2019, S. 18; vgl. Gawer & Cusumano, 2014). Sie dienen „as a technological foundation upon which other firms develop complementary innovations" (Cusumano et al., 2019, S. 19). Eine Lösungsplattform kann somit als Synonym für die Leistungen des Orchestrators verstanden werden, die dieser den Komplementären zur gemeinsamen Wertschöpfung und Nutzenstiftung öffnet.

Klassische Beispiele für solche vom Orchestrator zur Verfügung gestellte Plattformen sind Betriebssysteme wie Microsoft Windows, Google Android, Apple iOS oder Amazon Web Services bzw. Entwicklungsanwendungen wie Steam oder SAP Netweaver, die von „third-party innovators" (Cusumano et al., 2019, S. 68) genutzt werden können, um neue komplementäre Produkte und Dienstleistungen (z. B. Apps) zu entwickeln und herzustellen. Lösungsplattformen sind „services, tools, or technologies […] that other members of the ecosystem can use to enhance their own performance" (Iansiti & Levien, 2004, S. 69).

Die Herausforderung für erfolgreiche Lösungsplattformen besteht in der Identifizierung von Komplementären, die in der Lage sind, die Nachfrage nach der Kernleistung anzuregen, indem sie komplementäre Leistungen mit hohem Mehrwert entwickeln und anbieten.

4.2   Transaktionsplattformen

Transaktionsplattformen „are largely intermediaries or online marketplaces that make it possible for people and organizations to share information or to buy, sell, or access a variety of goods and services" (Cusumano et al., 2019, S. 19). Sie dienen „as an intermediary for direct exchange or transactions, subject to network effects" (Cusumano et al., 2019, S. 19). Unter einer Transaktionsplattform versteht man somit „jegliche Art von Infrastruktur, die es zwei oder mehr Marktseiten ermöglicht, miteinander zu interagieren" (Dietl, 2010, S. 63). Diese Plattformen erleichtern den Kauf und Verkauf von Produkten und Dienstleistungen oder ermöglichen andere Formen der Interaktionen, wie z. B. das Erstellen und Teilen von Inhalten durch die Nutzer.

Transaktionsplattformen sind keine Erfindung der Neuzeit; die älteste Form einer solchen Plattform ist im Grunde der physische Marktplatz. Weitere Beispiele für diesen Typus von Plattform sind Google Search (und andere Suchmaschinen wie Baidu), Amazon Marketplace (und andere E-Commerce Plattformen wie eBay, Alibaba, Taobao oder Rakuten), Uber (und andere Mobilitätsplattformen wie Lyft), Google Play (und andere App Stores wie der Galaxy Store von Samsung oder der App Store von Apple), Airbnb (und andere Buchungsplattformen wie Tripadvisor), LinkedIn, Facebook, Twitter, Snapchat, Instagram und WeChat, aber auch Kreditkarten wie Mastercard, Visa oder American Express.

Als Koordinationsmechanismen bestehen Ökosystem-Plattformen „aus einem System von Komponenten, Regeln, Protokollen, Standards

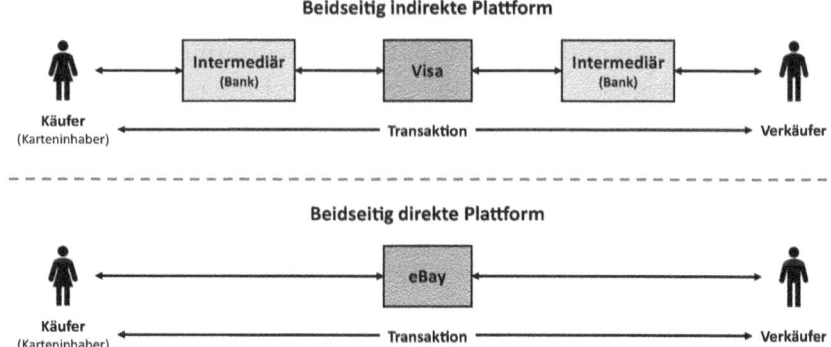

Abb. 4.1 Direkte vs. indirekte Transaktionsplattformen. (Eigene Abbildung in Anlehnung an Reillier & Reillier, 2017, S. 81)

und Verträgen" (Dietl, 2010, S. 64), das die Interaktionen zwischen den Plattformbenutzern koordiniert.

Wie in Abb. 4.1 dargestellt, können Transaktionsplattformen entweder direkt oder indirekt ausgeprägt sein (vgl. Reillier & Reillier, 2017, S. 80 f.). Wie der Name bereits impliziert, verbinden direkte Plattformen die beiden Marktseiten eines Transaktionsökosystems direkt, während indirekte Plattformen die Marktseiten indirekt miteinander verbinden. Zum Beispiel stehen Kreditkartenunternehmen wie Visa oder Mastercard nicht direkt, sondern über Intermediäre mit Händlern und Kunden in Kontakt. Sie verwalten im Grunde eine Business-to-Business-Plattform („Interbank-Switch") und überlassen es Banken, ihre Karten herauszugeben und die Händler zu akquirieren, die die Karten akzeptieren. Transaktionsplattformen können auf beiden Seiten indirekt (z. B. Visa), auf einer Seite indirekt und auf der anderen direkt oder auf beiden Seiten direkt (z. B. eBay) ausgestaltet sein.

Literatur

Adner, R. (2017). Ecosystem as structure: An actionable construct for strategy. *Journal of Management, 43*(1), 39–58.

Cusumano, M. A., Gawer, A., & Yoffie, D. B. (2019). *The business of platforms. Strategy in the age of digital competition, innovation, and power.* Harper Collins.

Dietl, H. (2010). Erfolgsstrategien im Plattformwettbewerb. *Schmalenbachs Zeitschrift für betriebswirtschaftliche Forschung, 62*(10), 63–83.

Gawer, A., & Cusumano, M. A. (2014). Industry platforms and ecosystem innovation. *Journal of Product Innovation Management, 31*(3), 417–433.

Iansiti, M., & Levien, R. (2004). Strategy as ecology. *Harvard Business Review, 82*(3), 68–78.

Müller-Stewens, G., & Stonig, J. (2019). Unternehmens-Ökosysteme und Plattformen: Auf dem Weg zu einem geteilten Verständnis. *Die Unternehmung, 73*(4), 374–380.

Reillier, L. C., & Reillier, B. (2017). *Platform strategy: How to unlock the power of communities and networks to grow your business*. Routledge.

5

Ecosystem Governance

Zusammenfassung Kapitel 5 geht auf das Thema Ökosystem-Governance ein und befasst sich mit der Frage, worauf bei Aufbau und Steuerung von Unternehmens-Ökosystemen generell zu achten ist. Konkret beantwortet es die Fragen, wann der Aufbau eines Ökosystems Sinn macht, welche Offenheitsgrade in seiner Gestaltung möglich sind und wie sich die „Gesundheit" von Ökosystemen bestimmen lässt. Des Weiteren geht es auf eine Reihe von spezifischen Herausforderungen ein, denen sich Orchestratoren beim Aufbau und der Steuerung eines Ökosystems gegenübersehen. Dies sind das sog. Multi-Homing, die Disintermediation und das sog. Henne-Ei-Problem.

Gemäß Pidun, Reeves und Knust (2021; vgl. Reeves et al., 2019) sind nur 15 % der Unternehmens-Ökosysteme „sustainable in the long run", d. h. langfristig erfolgreich. Der wesentliche Grund hierfür liegt in Schwächen des Governance-Modells der jeweiligen Ökosysteme und damit der Frage begründet, wie das Ökosystem gemanagt wird. Vor diesem Hintergrund ist es essenziell, sich mit der „Ecosystem Governance" und damit der Frage auseinanderzusetzen, worauf bei der Steuerung eines Ökosystems zu achten ist. Diese Frage wird jedoch

© Der/die Autor(en), exklusiv lizenziert durch Springer Fachmedien Wiesbaden GmbH, ein Teil von Springer Nature 2021

C. Erk und C. Müller, *Unternehmens-Ökosysteme*,
https://doi.org/10.1007/978-3-658-35359-9_5

nicht erst relevant, nachdem man mit dem Aufbau eines Ökosystems begonnen hat. Vielmehr sollten sich Unternehmen, die sich gerne als Orchestratoren eines Ökosystems sehen, im Vorfeld des Aufbaus eines Ökosystems mit der Frage auseinandersetzen, ob das strategische Vehikel „Ökosystem" für das Ziel, das sie erreichen wollen, überhaupt das richtige ist.

5.1   Wann macht der Aufbau eines Ökosystems strategisch Sinn?

Der Aufbau eines Ökosystems ist nur eine von mehreren strategischen Möglichkeiten, die Unternehmen offenstehen, um ihr Nutzenversprechen einzulösen (vgl. Fuller et al., 2019; Jacobides et al., 2018, S. 2261; Pidun et al., 2019; Lewrick, 2021, S. 30):

- Sie können ein vertikal integriertes Modell verfolgen, bei dem Sie alle wichtigen Aktivitäten innerhalb Ihrer eigenen Organisation durchführen.
- Sie können ein hierarchisches Lieferkettenmodell verfolgen, in dem sie bestimmte wertschöpfende Aktivitäten auslagern, sei es an Akteure vorgelagerter Stufen (Lieferanten), bei denen Sie einkaufen, und/oder an Akteure nachgelagerter Stufen, an die sie verkaufen. Dieses Modell umfasst auch die Bildung von Wertschöpfungs- und Vertriebspartnerschaften, z. B. in Form von strategischen (non-equity) Allianzen.
- Sie können ein ökosystembasiertes Modell verfolgen, in dem sie sich mit anderen, weitgehend unabhängigen Wirtschaftsakteuren koordinieren.
- Sie können ein Open-Market-Modell verfolgen, bei dem der Kunde die benötigten Komponenten von unabhängigen und unkoordinierten Anbietern in einem offenen, wettbewerbsorientierten Markt auswählt und kauft.

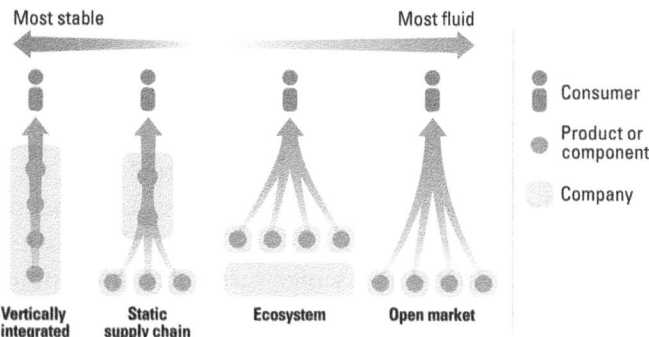

Abb. 5.1 Typen von Wertschöpfungssystemen (Fuller et al., 2019; vgl. Jacobides et al., 2018, S. 2261)

Diese vier Typen der Organisation einer Wertschöpfungskette, also Organisationsformen zur Erbringung von Kundennutzen, sind in Abb. 5.1 auch noch graphisch dargestellt:

Was Lösungsökosysteme von marktbasierten Arrangements unterscheidet, ist die Tatsache, dass der Endkunde aus einer Reihe von Komplementären auswählen kann, die durch einige gegenseitige Abhängigkeiten – z. B. das Einhalten gemeinsamer Standards – miteinander verbunden sind. Dadurch ist – anders als in einem Open-Market-Modell – sichergestellt, dass die gewählten Teilleistungen zu einem Leistungssystem kombiniert werden können.

Im Gegensatz zu strategischen Allianzen, also „dyadische(n), vertragsbasierte(n) und zeitlich begrenzte(n) Kooperationen zwischen Unternehmen" (Dexheimer & Lechner, 2019, S. 309), sind Ökosysteme multilaterale Netzwerke, in denen eine Vielzahl von Unternehmen miteinander kooperieren. Auch Allianzen können aus mehreren Unternehmen bestehen und damit multilateral sein. Solch multilaterale Allianzen haben jedoch den Nachteil, dass sie „oft das Ergebnis langwieriger Verhandlungen sind und für jeden Allianzpartner individuelle Kontrakte erfordern" (Lechner & Dexheimer, 2019, S. 39). Ökosysteme standardisieren hingegen die Zugehörigkeit zu einem Ökosystem über die Definition von Modularität und Schnittstellen.

Ökosysteme stellen auch eine Alternative zur vertikalen Integration dar, bei denen sich mehrere Unternehmen vor- und/oder nachgelagerter Wertschöpfungsstufen unter gemeinsamer Kontrolle und Eigentum miteinander verbinden. Vorher rechtlich selbständige und auf unterschiedlichen Wertschöpfungsstufen tätige Unternehmen werden nach einer vertikalen Integration zu Divisionen eines Unternehmens. Die Strategie der vertikalen Integration ist jedoch insofern kostspielig, da das Unternehmen, das den Grad seiner vertikalen Integration erhöhen möchte, Geld in die Hand nehmen muss, um – als die oftmals naheliegendste Option – komplementäre Unternehmen zuzukaufen. Zudem ist das Zusammenführen unterschiedlicher Unternehmenskulturen eine nicht zu unterschätzende Herausforderung. Ökosysteme schlagen vor diesem Hintergrund zwei Fliegen mit einer Klappe: Sie ermöglichen es einem Orchestrator, vertikal integriert zu agieren, ohne die hierfür nötigen Ressourcen zu besitzen: „Business ecosystems represent a substitute in today's economy for the large vertically integrated firms of previous decades. They yield benefits of integration without requiring common ownership of the system." (Teece, 2018, S. 152)

Ökosysteme sind somit ein Vehikel, mit dem Orchestratoren ein umfassendes Nutzenversprechen realisieren, ohne alle dazu nötigen Aktiven zu besitzen und alle Leistungen selbst zu erbringen bzw. zu erstellen.

Aus Kundensicht unterscheiden sich Ökosysteme sowohl von einem Lieferkettenmodell oder einem vertikal integrierten Modell, da die Kunden in Ökosystemen nicht eine von einem Unternehmen definierte Leistung kaufen müssen. Sie haben vielmehr Wahlfreiheit in der Ausgestaltung der von ihnen gewünschten Gesamtleistung, da sie diese aus komplementären Leistungselementen zusammenstellen können.

Welches der vier oben genannten Modelle für eine bestimmte Geschäftsmöglichkeit und ein bestimmtes Geschäftsumfeld zu bevorzugen ist, ist oft nicht eindeutig. Es lassen sich jedoch folgende Daumenregeln ausmachen:

- Lösungsökosysteme sind grundsätzlich dann das Vehikel der Wahl, wenn das Nutzenversprechen eine Vielzahl von Teilleistungen umfasst, die wenigstens strikt oder gar supermodular komplementär zu einer Kernleistung sind und vom Kunden selbst zusammengefügt und kombiniert werden können. In diesem Fall kann ein Unternehmen das Nutzenversprechen zwar üblicherweise nicht allein (da z. B. der In-House-Aufbaus der dazu nötigen Kompetenzen zu kostspielig und langwierig wäre) oder könnte es nur durch vertikale Integration realisieren; da jedoch in diesem Fall nicht die Integration der Teilleistungen an sich, sondern nur deren Integrierbarkeit sichergestellt werden muss, muss das Investitionsrisiko einer vertikalen Integration der Leistungserstellung nicht auf sich genommen werden. Mit einem Lösungsökosystem kann ein Orchestrator somit die Innovationsfähigkeit von Unternehmen zur Erfüllung eines Nutzenversprechens nutzen, ohne diese besitzen oder hierarchisch kontrollieren zu müssen.

- Transaktionsökosysteme sind dann das Vehikel der Wahl, wenn man es mit einem zweiseitigen Markt mit starken positiven Netzwerkkreuzeffekten zu tun hat.

5.2 Die Offenheit von Ökosystemen

Ist der Entscheid zum Aufbau eines Ökosystems einmal gefällt, stellt sich unter anderem die Frage, wer genau Teil des Ökosystems werden soll und welche Mitentscheidungsrechte die Ökosystem-Partner haben sollen (vgl. Pidun et al., 2021; Alves et al., 2018, S. 522 f.).

In Bezug auf den Zugang zu einem Ökosystem geht es vor allem um eine Entscheidung darüber, wem genau die als Wertschöpfungsressource zu verstehende Plattform zur Verfügung gestellt werden soll und unter welchen Bedingungen. Der Orchestrator muss sich Gedanken darüber machen, welche Mindestanforderungen z. B. hinsichtlich Qualifikation, Größe, Alter oder sonstigen Merkmalen die Komplementoren (in einem Lösungsökosystem) bzw. die Akteure der beiden Marktseiten (in einem Transaktionsökosystem) erfüllen müssen, um Teil des Ökosystems werden zu können. Je nachdem, ob das Ökosystem vielen oder nur wenigen Akteuren den Zugang erlaubt, spricht man von einem „offenen" oder einem „geschlossenen" Ökosystem. Neben der Offenheit des Zugangs definiert sich die Offenheit eines Ökosystems auch noch durch die von ihm zugelassenen Mitwirkungsmöglichkeiten und die informationelle Transparenz.

Ist ein Partner einmal zu einem Ökosystem zugelassen, stellt sich die Frage nach dessen Mitbestimmungs- bzw. Mitentscheidungsrechten. Transaktionsökosysteme wie Uber oder Airbnb verfolgen diesbezüglich einen engen Ansatz, in dem sie praktisch exklusiv über die Ausgestaltung des Ökosystems entscheiden. Andere Ökosysteme stehen der Mitwirkung offener gegenüber: So wird z. B. das Linux-Ökosystem kollektiv „by a committee comprising members of the Linux community, including corporate members, individual open-source leaders, vendors, users, and distributors" (Pidun et al., 2021) gesteuert. Die meisten Ökosysteme weisen Mischformen dieser beiden Formen der Mitentscheidung auf, die den Partnern dezentrale Entscheidungsfreiheit innerhalb eines zentral vorgegebenen strategischen Rahmens einräumen.

Mit der Ausgestaltung der Mitentscheidungsrechte korreliert üblicherweise die informationelle Transparenz eines Ökosystems. Je partizipativer ein Ökosystem gesteuert wird, desto höher sollte notwendigerweise dessen Transparenz nach innen (und allenfalls auch außen) sein; je exklusiver es gesteuert wird, desto weniger transparent ist es üblicherweise z. B. in Bezug auf seine strategischen Pläne. In Bezug auf Ökosysteme, die nur ein geringes Maß an Transparenz aufweisen, unterscheiden Pidun et al. (2021) solche, die nicht transparent sein können und solche, die nicht transparent sein wollen:

> „Such systems may follow a 'rainforest' model, as do Google and Apple, which cannot provide much transparency about the future development of their mobile platforms owing to the independent, decentralized development of apps and the (deliberate) lack of a coordinated strategic roadmap. Or they may follow a 'walled-garden' model, as do Uber and Airbnb, who don't want to disclose how they will develop their platforms, which verticals they are going to join, or which additional services partners are invited to offer in the future."

Eine weitere wichtige Dimension der Offenheit besteht im Umgang des Ökosystems mit den in ihm generierten Daten. Gemäß Pidun et al.

(2021) lassen sich in Bezug auf diese Frage vier generische Modelle unterscheiden:

- *Data is owned and shared by the creator:* Ein Beispiel für dieses Modell ist z. B. das „Elektronische Patientendossier", das dem Patienten als Autor seiner Gesundheitsdaten die Hoheit darüber belässt, mit wem er die Daten teilen möchte.
- *Data is owned and used by the all partners:* Abgesehen von Ausnahmen wie Tracr, einem blockchain-basierten Plattform zur Nachverfolgung von Diamanten, findet sich dieses Modell der Daten-Governance bis anhin selten in der Ökosystem-Landschaft.
- *Data is owned and shared by the orchestrator:* Dieses Modell findet sich z. B. auf Transaktionsplattformen wie Alibaba, das die auf seiner Plattform generierten Transaktionsdaten zwar besitzt, aber z. B. freiwillig Informationen über Nachfragemuster mit seinen Händlern teilt.
- *Data is owned and used by the orchestrator:* Das geschlossenste Modell der Daten-Governance haben z. B. Orchestratoren von Transaktionsökosystemen wie Uber gewählt, die alle auf ihren Plattformen generierten Transaktionsdaten besitzen, diese aber nicht an ihre Partner weitergeben.

Die Offenheit eines Ökosystems bestimmt sich des Weiteren durch Art und Umfang der von Orchestrator ausgeübten Kontrolle. Hinsichtlich der Kontrollarten lassen sich Input-, Prozess- und Outputkontrolle unterscheiden. Ein Beispiel für Inputkontrolle ist die Begrenzung der Zeichenzahl auf der Social-Media-Plattform Twitter oder die Kontrolle der Qualität von Apps, die z. B. Apple jeweils vor der Veröffentlichung einer App auf seinem AppStore vornimmt. Prozesskontrolle liegt dann vor, wenn der Orchestrator versucht, das Verhalten der Partner bei der Interaktion untereinander und mit der Plattform zu regulieren. Neben Ökosystemen, in denen diesbezüglich praktisch Freiheit herrscht, schreiben Orchestratoren prozessual hochregulierter Ökosysteme wie z. B. Uber ihren Fahrern sogar die von diesen zu nehmende Route vor. Andere Orchestratoren verfolgen einen gemischten Ansatz und versuchen das Verhalten der Ökosystem-Partner nicht durch Regeln und

Vorschriften, sondern durch das Anbieten von Foren, Trainings oder sonstigen Dienstleistungen zu beeinflussen. Outputkontrolle bezieht sich direkt auf die vom Ökosystem angebotenen Leistungen und ihre Qualität. Hierzu gehört zum Beispiel die inhaltliche Kontrolle von Posts auf den Social-Media-Plattformen von Twitter oder Facebook. Eine weitere Möglichkeit der Outputkontrolle besteht in der bewussten Nutzung von Kundenfeedbacks, die nicht nur zur Erhöhung der Transparenz eingesetzt werden kann, sondern auch „to exclude partners with evaluations below a certain threshold, as in the cases of Airbnb and Uber" (Pidun et al., 2021).

5.3 „Ecosystem Health": Erfolgsfaktoren von Ökosystemen

Wie lässt sich bestimmen, ob ein Ökosystem funktioniert und erfolgreich ist? Diese Frage kann anhand des Konzepts der Ökosystem-Gesundheit (ecosystem health) von Iansiti & Levien (2004) beantwortet werden. Nach dieser in Analogie zur Gesundheit natürlicher Ökosysteme entwickelten Heuristik bestimmt sich die Gesundheit eines Ökosystems anhand dreier Faktoren (vgl. Iansiti & Levien, 2004, S. 72 f.; Iansiti, 2005, S. 57):

- Produktivität (productivity): Das Ökosystem muss produktiv sein.
- Robustheit (robustness): Das Ökosystem muss robust sein.
- Nischengenerierung (niche generation): Das Ökosystem muss in der Lage sein, Nischen zu erzeugen.

Natürliche Ökosystems sind produktiv, wenn sie nichtbiologische Inputs (wie z. B. Sonnenlicht und Mineralstoffe) nutzen und in sinnvolle biologische Outputs für das Ökosystem umsetzen können. Analog dazu muss ein produktives Unternehmens-Ökosystem auch in der Lage sein, verfügbare Rohstoffe bzw. Ressourcen in relevante Outputs umzusetzen. Entsprechend kann die *Produktivität* eines Ökosystems definiert werden als „a network's ability to consistently transform technology and other raw materials of innovation into lower costs and new products" (Iansiti & Levien, 2004, S. 72; vgl. Iansiti, 2005, S. 57). Ob ein Ökosystem in diesem Sinne produktiv ist, kann anhand ausgewählter Kenngrößen gemessen werden, allen voran dem „return on invested capital". Des Weiteren kann die Produktivität eines Ökosystems anhand von dessen Effizienzgewinn und damit anhand der Frage gemessen werden, ob es das Ökosystem schafft, sein Leistungssystem im Laufe der Zeit mit weniger Ressourceneinsatz zu produzieren.

Die *Robustheit* eines natürlichen Ökosystems besteht in dessen Fähigkeit, existenzbedrohende Schocks verdauen und überleben zu können. Ähnlich müssen robuste Ökosysteme in der Lage sein, disruptive Einflüsse aus der Umwelt (z. B. unvorhergesehenen technologischen Wandel), aber auch von innen aushalten und sich an die neue Situation anpassen zu können. Die einfachste, wenn auch grobe Kenngröße für die Robustheit eines Ökosystems ist „the survival rate of ecosystem members, either over time or relative to comparable ecosystem" (Iansiti & Levien, 2004, S. 73; vgl. Iansiti, 2005, S. 57). Um robust zu sein, müssen nicht alle Akteure eines Ökosystems und alle Strukturen überleben; es reicht aus, wenn ein definierter Kern des Ökosystems und wesentlicher Teil der Beziehungen innerhalb des Ökosystems über die Zeit bestehen bleibt. Die Robustheit eines Ökosystems wird unter anderem auch dadurch beeinflusst, wie sich der Orchestrator gegenüber seinen Partnern bzw. Komplementären verhält. So wurde und wird z. B. Amazon immer wieder vorgeworfen, Verkaufsdaten von Dritthändlern auf seiner Plattform zu nutzen, um attraktive Marktsegmente zu identifizieren und diese dann mit eigenen Marken selbst zu besetzen. Wenn der Orchestrator seine zentrale Position in dieser oder anderer Form auf Kosten der Komplementäre des Ökosystems ausnutzt und ihnen so das Wasser zu sehr abgräbt, wird dies auf die Dauer dazu führen, dass das Ökosystem eingeht.

Gesunde natürliche Ökosysteme zeichnen sich nicht nur durch Robustheit und Produktivität aus, sondern auch dadurch, dass sie Varietät aufweisen, d. h. einer Vielzahl von Lebewesen die symbiotische Koexistenz ermöglichen. Die *Nischengenerierung* von Unternehmens-Ökosystemen besteht in „the ecosystem's capacity to increase meaningful diversity through the creation of valuable new functions, or niches" (Iansiti & Levien, 2004, S. 73; vgl. Iansiti, 2005, S. 57). Nischengenerierende Ökosysteme besitzen ein „potential for productive innovation" (Iansiti & Levien, 2004, S. 73), das sie innovative Technologien aufgreifen und so kontinuierlich neue Möglichkeiten für Unternehmen und Leistungen schaffen lässt. Gemessen werden kann diese Dimension anhand der Anzahl neuer Optionen, technologischer Bausteine, Produkte und/oder Unternehmen, die innerhalb eines bestimmten Zeitraums innerhalb des Ökosystems geschaffen werden. Die Aussage, dass gesunde Ökosysteme solche Nischen für Neues und Neue generieren können sollen, bedeutet jedoch nicht, dass bestehende Nischen zwingend erhalten werden müssen: „In fact, decreased diversity in some areas of an ecosystem enable the creation of niches in others." (Iansiti & Levien, 2004, S. 73).

Neben diesen drei eher formellen Determinanten des Erfolgs eines Ökosystems, bedarf es noch einer Reihe von weichen Faktoren. Grundlage des Zusammenhalts von Ökosystemen ist das Vertrauen seiner Mitglieder, dass der Orchestrator die Spielregeln der Kooperation zuverlässig und fair sind und insbesondere die generierte Wertschöpfung fair verteilt.

5.4   Herausforderung der Orchestrierung von Ökosystemen

Im Bemühen seiner Rolle eines Ökosystems gerecht zu werden, sieht sich der Orchestrator eines Ökosystems – vor allem eines Transaktionsökosystems – einer Reihe von spezifischen Herausforderungen gegenüber, die er bewusst adressieren sollte. Bei diesen handelt es sich um das sog. Henne-Ei-Problem, das Problem der Verhinderung des sog. Multi-Homing und das Verhindern von Disintermediation.

5.4.1 Das Henne-Ei-Problem

Beim Aufbau eines Ökosystems muss ein Problem gelöst werden, das gemeinhin als Henne-Ei-Problem (chicken-egg-problem) bezeichnet wird: Wie schafft es der Orchestrator eines Ökosystems, Mitglieder für das Ökosystem zu gewinnen, wenn die Attraktivität des Ökosystems für diese von der Anzahl der bereits vorhandenen Mitglieder abhängt? Um direkte Netzwerkeffekte und Netzwerkkreuzeffekte zum Spielen zu bringen, bedarf es einer kritischen Masse an Mitgliedern; ein Ökosystem ist für potenzielle Mitglieder jedoch nur attraktiv, wenn in diesem bereits Netzwerkeffekte spielen.

Definition

„Damit die Plattform für eine Marktseite attraktiv ist, müssen bereits genügend Teilnehmer auf der anderen Marktseite vorhanden sein und umgekehrt." (Dietl, 2010, S. 68)

„Die User werden eine Plattform nicht aufsuchen, sofern sie ihnen keinen Mehrwert bietet, und eine Plattform bietet keinen Mehrwert, wenn sie keine User vorzuweisen hat." (Parker et al., S. 54)

„One market side usually needs to come on board first and provide something that attracts another side. [...] The business challenge always remains the same: where and how to start, as well as how to get enough momentum and then scale." (Cusumano et al., 2019, S. 17)

Sowohl für Lösungs- als auch Transaktionsökosysteme läuft das Henne-Ei-Problem auf jeweils zwei Fragen heraus (vgl. Cusumano et al., 2019, S. 73 f.):

* Wie schafft es der Orchestrator eines Lösungsökosystems, das Ökosystem für potenzielle Kunden attraktiv zu machen, auch wenn es nur wenige Komplemente gibt? Und wie kann der Orchestrator potenzielle Komplementäre davon überzeugen, in die Entwicklung und Produktion von Komplementen zu investieren, wenn Unsicherheit über die Anzahl der Endkunden besteht, die bereit sind, die vom Orchestrator erbrachte Kernleistung und die Komplemente zu kaufen?
* Wie kann der Orchestrator eines Transaktionsökosystems sicherstellen, dass genug Nachfrager vorhanden sind, um das Ökosystem für potenzielle Anbieter attraktiv zu machen? Und wie kann das

Ökosystem genügend Verkäufer bereitstellen, um potenzielle Nachfrager anzuziehen?

Wo soll der Orchestrator bei der Lösung dieses Problems beim Aufbau des Ökosystems ansetzen? Wie Cusumano et al. (2019, S. 72; vgl. Reillier & Reillier, 2017, S. 93 ff.) darlegen, stehen dem Orchestrator zum Umgang mit dem Henne-Ei-Problem grundsätzlich drei Optionen offen: „(1) Create stand-alone value for one side first, (2) subsidize one or both sides, and (3) sometimes bring two sides on board simultaneously." Diese Optionen können je nach Ökosystemtypus wie folgt eingesetzt werden:

Zur Lösung des Henne-Ei-Problems kann der Orchestrator eines *Lösungsökosystems* zunächst einen „stand-alone value for one side first" (Cusumano et al., 2019, S. 72) anbieten. Hierzu kann er selbst eine starke Kernleistung für die Kunden anbieten, welche zunächst keine Komplemente von Drittanbietern benötigt, aber doch ausreichend modular und geeignet ist, um Komplementäre anzuziehen. Der Orchestrator kann ergänzend dazu auch eigene Komplemente entwickeln (oder zukaufen) und so die Funktion einer Marktseite zumindest temporär selbst übernehmen (wie es z. B. bei Microsoft der Fall war, das die Spieleentwicklung für XBox selbst übernommen hat).

Der Orchestrator eines *Transaktionsökosystems* kann zur Lösung des Henne-Ei-Problems versuchen, zunächst ein einseitiges Ökosystem aufzubauen und den Aufbau der anderen Marktseite angehen, wenn die erste Seite ausreichend groß ist. Der Aufbau eines einseitigen Ökosystems kann z. B. mittels der Subvention der aufzubauenden Seite erfolgen, sei es durch die Gewährung von Rabatten oder gar den gänzlichen Erlass von Gebühren.[1] Alternativ oder zusätzlich dazu kann der Orchestrator den bereits erwähnten „stand-alone value for one side first" zu generieren versuchen, indem er Services anbietet, die für die

---

[1] Wie Dietl (2010, S. 69) erwähnt, empfiehlt es sich bei sehr starken Netzwerkkreuzeffekten sogar, „eine Marktseite permanent zu subventionieren. Welche Marktseite bepreist und welche subventioniert wird, hängt neben der Preiselastizität vor allem von den Netzwerkkreuzeffekten ab. Es empfiehlt sich, jeweils die preissensiblere Marktseite und die Marktseite, von der die stärkeren Kreuzeffekte ausgehen, zu subventionieren.".

aufzubauende Seite unabhängig von der Größe der anderen Marktseite wertvoll oder gar essenziell sind. Der Aufbau einer Marktseite
kann auch dann gelingen, „if members of the first side find value
in communicating or interacting with each other, as they do with
the telephone as well as social networks. Once that first side gets big
enough, then it can attract other sides." (Cusumano et al., 2019,
S. 76) Der Aufbau einer Marktseite kann auch durch Gewinnung von
exklusiven Showcase- bzw. Vorzeigenutzern der gleichen oder anderen
Marktseite unterstützt werden, die wiederum andere Nutzer anziehen.[2]
Neben dieser VIP-Strategie kann der Orchestrator auch Events zum
Aufbau einer Marktseite nutzen, „where a critical mass of an identified
target community is present in order to kick-start the platform in the
hope that other communities will follow" (vgl. Reillier & Reillier,
2017, S. 96).[3] Auch in Transaktionsökosystemen kann der Orchestrator zudem die Aktivitäten einer Marktseite übernehmen, z. B. über die
Generierung von Inhalten, und so den Aufbau der anderen Marktseite
unterstützen.[4]

Der gleichzeitige Aufbau beider Marktseiten ist – egal ob in
Transaktions- oder Lösungsökosystemen – ein üblicherweise kost-
spieliges Unterfangen, das nur dann sinnvoll ist, wenn drei
Bedingungen erfüllt sind (vgl. Cusumano et al., 2019, S. 77): 1) Der
Orchestrator hat extrem tiefe Taschen. 2) Das Ökosystem hat eine
realistische Chance auf ein „Winner-take-all-or-most"-Ergebnis. 3)
Es existieren Barrieren, die den Markteintritt neuer Ökosysteme verhindern, sobald einmal alle oder die meisten Konkurrenten ausgestiegen
sind.

---

[2] So hat z. B. Visa Anfang der 1990er Jahre Fernsehwerbung gesendet, in der sich Visa als Partner der US Open als weltweit bekanntem und hochklassig besetztem Tennisturnier positioniert und die mit den Worten endet: „The (US) Open will take you to the edge of your seat but they won't take American Express.".

[3] So wurde z. B. Twitter auf dem South by Southwest Festival eingeführt (vgl. Reillier & Reillier, 2017, S. 96). Auf diesem Festival fand Twitter zahlreiches Publikum für den Austausch von Kurz-nachrichten vor, die an diesem Anlass auch in Echtzeit auf der Bühne angezeigt wurden.

[4] So postete Reddit in seinen Anfängen eine große Menge an Inhalten selbst über Fake-Profile. Dies vermittelte den Eindruck einer aktiven Community und zog Leute an, die sich für die Inhalte interessierten.

Auch wenn die drei grundsätzlichen Kategorien zum Umgang mit dem Henne-Ei-Problem praktisch abschließend sind, so sind die innerhalb dieser aufgeführten Optionen nicht als abschließend zu verstehen, sondern können kreativ ergänzt werden.

Zu guter Letzt sind in Bezug auf das Bemühen um den möglichst schnellen Aufbau einer Nutzerbasis noch ein paar grundsätzliche Gedanken angebracht: Zum einen sollte der Aufbau der Nutzerbasis von Transaktionsökosystemen nicht primär in Köpfen oder Anzahl Nutzerkonten, sondern in der Anzahl an Interaktion und Transaktionen gemessen werden. Und zum anderen sollte nicht auf die Quantität der Nutzer allein, sondern auf deren „Qualität" geachtet werden: Es geht darum, „the right participants (such as the most attractive restaurants for an online booking platform like OpenTable) in the right proportions (such as a balanced number of drivers and riders for a ridehailing ecosystem like Uber)" (Pidun et al., 2020) anzuziehen.

Beispiel: Aufbau einer Vermittlungsplattform: quitt. (Zürich)

Das Chicken-Egg-Problem ist besonders für Start-Ups relevant, die sich als klassische Vermittlungsplattform zwischen zwei Parteien verstehen, wie z. B. quitt. (früher als quitt.ch bekannt oder in der juristisch korrekten Bezeichnung als ServiceHunter AG), einer Plattform für die sozialversicherungsrechtlich korrekte Vermittlung von Haushaltshilfen. Denn gerade in diesem Bereich ist die Existenz von Schwarzarbeit nicht von der Hand zu weisen. Das Zürcher Unternehmen bringt mittlerweile seit 10 Jahren Transparenz und rechtskonformes Verhalten in diesen Markt und ist inzwischen zum Schweizer Marktführer avanciert. Das Chicken-Egg-Problem für den Markt der legalen und fairen Anstellungsverhältnisse für Haushaltshilfen wie Putzhilfe, Pflegehilfe oder Kinderbetreuung konnte gelöst werden. Wie ist das gelungen?

Als erster Punkt ist die stetige Aufklärungsarbeit der Öffentlichkeit über das Thema Schwarzarbeit zu nennen. Sowohl über die eigenen Kanäle als auch über Medienpartner und Medien via entsprechende Pressemitteilungen.

„In der Schweiz ist jeder Arbeitgeber gesetzlich verpflichtet, seine Haushaltshilfe bei den Behörden anzumelden und zu versichern. Trotzdem arbeiten in der Schweiz tausende Menschen illegal und ohne Versicherungsschutz. Sie bezahlen weder Sozialabgaben noch Steuern.

Wir von quitt. bzw. der ServiceHunter AG übernehmen für Arbeitgeber alle gesetzlichen Aufgaben und sorgen für eine korrekte Anstellung und Versicherung. Leisten Sie mit unserer Hilfe Ihren Beitrag im Kampf gegen die Schwarzarbeit in der Schweiz." (quitt, 2021)

Als zweiter Punkt ist die Beherrschung der entsprechenden Registrierungs- und Verwaltungsprozesse sowohl intern als auch zu den verschiedenen Sozial- und staatlichen Partnern zu nennen. Über diese Qualitätsführerschaft werden auch gewisse Markteintrittsbarrieren sowie Vertrauen im Markt aufgebaut.

„quitt. ist die Nummer 1 in der Schweiz für das Registrieren und Verwalten Ihrer Haushaltshilfen. quitt. ist ein Angebot der ServiceHunter AG in Zürich. Wir erleichtern Arbeitgebern seit 2011 die Anmeldung, Versicherung und Lohnabrechnung von Haushaltshilfen und helfen weiter bei offenen Fragen und Problemen. Die bei quitt. registrierten Haushaltshilfen profitieren von einer korrekten Anstellung mit Versicherung und Bezahlung der Sozialversicherungsbeiträge. Damit sind Arbeitgebende und Arbeitnehmende „quitt". In unserem Büro in Zürich-Wiedikon arbeiten rund 30 Personen mit acht verschiedenen Nationalitäten." (quitt, 2021)

Als dritter Punkt ist im Jahr 2020 der Ausbau des Angebots um einen digitalen Arbeitsvermittlungsdienst anzuführen:

„quitt. lanciert eine neue Software-Plattform und kann damit noch besser auf Kundenbedürfnisse eingehen. quitt. deckt mittlerweile alle 26 Kantone der Schweiz in drei Sprachen ab. Bei quitt. sind über 20'000 vorbildliche Arbeitgeber mit mehr als 32'000 Arbeitsverträgen erfasst. quitt. hat eine Lohnsumme von über 212 Mio. Schweizer Franken abgerechnet. Im Oktober startet quitt. einen innovativen, digitalen Arbeitsvermittlungs-Dienst für Reinigungskräfte in Deutsch. Auch private Arbeitgebende profitieren vom neuen Angebot: Sie finden mit wenigen Mausklicks auf https://quitt.ch/gesucht-putzfrau Reinigungspersonal in ihrer Nähe. Der digitale Service ist für Arbeitgebende und Arbeitnehmende komplett kostenlos nutzbar." (quitt, 2021)

5.4.2 Multi-Homing

Der Ausdruck „Multi-Homing" bezeichnet die „Möglichkeit für Akteure, auf mehreren Plattformen gleichzeitig aktiv zu sein" (Müller-Stewens & Stonig, 2019, S. 379). Multi-Homing liegt vor, „wenn Nutzer und Komplementoren sich nicht nur mit einer, sondern gleichzeitig mit mehreren Plattformen verbinden" (Dexheimer & Lechner, 2019, S. 317).

> **Definition**
>
> „Multihoming in platforms refers to when a platform participant on either side participates in more than one platform ecosystem." (Tiwana, 2014, S. 36)
> „Multi-homing happens when users or service providers […] form ties with multiple platforms […] at the same time." (Zhu & Iansiti, 2019, S. 124)

Ein Software-Unternehmen, das Spiele sowohl z. B. für die Xbox als auch für die Playstation anbietet betreibt genauso Multi-Homing wie Personen, die sowohl auf den Karrierenetzwerken LinkedIn und Xing aktiv sind.

Die Multi-Homing betreibenden Akteure legen sich nicht auf ein Ökosystem fest, sondern behalten sich die Möglichkeit offen, vom Erfolg desjenigen Ökosystems zu profitieren, das das größte Wachstum auf sich zieht. Multi-Homing eröffnet den Ökosystem-Akteuren die Möglichkeit, Ökosysteme gegeneinander auszuspielen. Wenn sich z. B. alle Verbraucher dafür entscheiden, zwei konkurrenzierende Online-Marktplätze zu besuchen, müssten Anbieter an sich nur mit einem dieser beiden Transaktionsökosysteme zusammenarbeiten, um alle potenziellen Verbraucher zu erreichen. Die beiden Ökosysteme müssten zwar nicht um Verbraucher konkurrieren, aber umso aggressiver um Händler werben. Multi-Homing resultiert somit in einem Preiswettbewerb zwischen den konkurrenzierenden Ökosystemen.

Was können Ökosysteme gegen Multi-Homing unternehmen? Multi-Homing ist möglich, „when the cost of adopting an additional platform is low" (Zhu & Iansiti, 2019, S. 124). Entsprechend haben Maßnahmen zur Prävention von Multi-Homing zum Ziel, die sog.

Homing-Kosten, also „alle Kosten, die einem Netzwerkteilnehmer durch die Plattformbenutzung entstehen" (Dietl, 2010, S. 70), zu erhöhen. Dies kann z. B. durch „die vertraglich festgelegte, exklusive Nutzung der Plattform" (Dexheimer & Lechner, 2019, S. 318) geschehen. Apple oder Google lösen das Problem, indem sie von ihren App-Entwicklern eine einmalige oder jährliche Gebühr erheben, um Zugang zu ihren Programmierschnittstellen (application programming interfaces; APIs) zu erhalten. Zur Verhinderung von Multi-Homing auf Markseite B, also vonseiten der Kunden, kann der Preis der Kernleistung so hoch ausgestaltet werden, dass der Kunde aus ökonomischen Gründen darauf verzichtet, Teil zweier Ökosysteme zu sein.

> „Console makers often sign exclusive contracts with game publishers. On the platforms' user side, the high prices of consoles and subscription services, such as Xbox Live and PlayStation Plus, reduce players' incentives to multi-home. Lowering multi-homing on both sides of the market decreased competitive intensity and allowed the console makers to be profitable." (Zhu & Iansiti, 2019: 125)

Eine weitere Option zur Eindämmung von Multi-Homing ist die Nutzung positiver, v. a. finanzieller Anreize. So sind Vergabe von „Gutscheine(n) für das Erreichen bestimmter Umsätze oder das Angebot zusätzlicher Dienstleistungen" (Dexheimer & Lechner, 2019, S. 317) mögliche Mittel, um Akteure davon abzuhalten, in zwei oder mehr Ökosystemen aktiv zu sein.

> „Incumbent platform owners can reduce multi-homing by locking in one side of the market (or even both sides). To encourage exclusivity, both Uber and Lyft gave bonuses in many markets to people who completed a certain number of trips in a row without rejecting or canceling any or going offline during peak hours. And while rides are in progress, both platforms provide drivers new requests for pickups very close to current passengers' drop-off locations, reducing the drivers' idle time and hence the temptation to use other platforms." (Zhu & Iansiti, 2019, S. 124)

Ähnlich wie bei den Netzwerkeffekten, gibt es auch einen Zusammenhang zwischen Multi-Homing und dem oben bereits erwähnten „Winner-takes-it-all (or most) (WTA)-Szenario", bei dem nicht mehrere Ökosysteme nebeneinander überleben, sondern bei dem sich ein Ökosystem auf Kosten der anderen durchsetzt. Die grundlegende Regel lautet: „Je höher die Multi-Homing-Kosten, desto größer ist die Wahrscheinlichkeit eines Winner-Take-all-Ergebnisses." (Dietl, 2010, S. 70)

Neben dem Ausmaß der Netzwerkeffekte und der Höhe der Multi-Homing-Kosten hat bei Lösungsökosystemen jedoch zudem noch das Differenzierungspotential der Komplementäre einen Einfluss auf das Auftreten eines WTA-Szenarios. Wenn die Komplementäre „ausgeprägte Möglichkeiten besitzen, sich zu differenzieren, steigt die Wahrscheinlichkeit, dass sich im Wettbewerb am Ende eine Plattform durchsetzt. Die Komplementanbieter sind dann nämlich eher bereit, sich auf gemeinsame Standards zu einigen. [...] Besitzen die Komplementäre keine eigenen Differenzierungsmöglichkeiten, müssen sie stattdessen zwangsläufig versuchen, sich auf der Ebene der Plattformen zu differenzieren." (Dietl, 2010, S. 70)

Ein weiterer zu berücksichtigender Faktor ist die Heterogenität der Kundenbedürfnisse. Je homogener diese sind, desto wahrscheinlicher ist ein WTA-Szenario. Wenn die Kundenbedürfnisse heterogen sind, können „trotz hoher Netzwerkeffekte und Multi-Homing-Kosten mehrere Plattformen, die jeweils unterschiedliche Marktsegmente bedienen, erfolgreich sein" (Dietl, 2010, S. 70).

Zur Abschätzung der Frage, ob ein Ökosystem in einem Winner-takes-all-Markt aktiv ist bzw. in welchem Ausmaß der Markt WTA-Charakteristika besitzt, müssen (in Abhängigkeit vom vorliegenden Ökosystemtyp) also fünf Faktoren analysiert werden (vgl. Dietl, 2010, S. 70; Rogers, 2016, S. 66; Eisenmann et al., 2006, S. 99): 1) das Ausmaß der Netzwerkeffekte, 2) die Höhe der angebotsseitigen Skaleneffekte, 3) die Höhe der Multi-Homing-Kosten, 4) die Differenzierungsmöglichkeiten der Komplementäre bzw. Marktseite A und 5) die Heterogenität der Kundenbedürfnisse.

Beispiele für Multi-Homing-Entscheidungen

Während der Orchestrator eines Ökosystems versucht, Multi-Homing zu verhindern, bestehen für Privatpersonen als auch Unternehmen in gewissen Bereichen explizite Anreize zum Multi-Homing. Sind diese gegeben, macht es für die betreffenden Personen oder Unternehmen Sinn, sich – trotz gegenteiliger Bemühungen der Ökosystem-Orchestratoren – an mehreren Ökosystemen zu beteiligen.

Für sportinteressierte Personen stellt die immer stärkere Zersplitterung des Rechte- und damit Plattformenmarkts für Fußballfernsehübertragungen eine Herausforderung dar: Wer möchte und kann schon vier, fünf oder mehr Bezahl-Abonnements lösen? Die Winner-Takes-it-all-Lösung und damit Marktdominanz ist aufgrund des intensiven Wettbewerbs aktuell nicht in Sicht. Dies aufgrund jeweils zeitlich befristeter Vertragslaufzeiten der Lizenzen seitens der Anbieter wie Profiligen, die in wiederkehrenden Auktionen jeweils höhere Erlöse erzielen wollen. Zudem haben die jeweiligen Wettbewerbs- und Kartellbehörden zumindest grundsätzlich auch einen Blick auf diese Märkte.

Für Unternehmen stellt das Multi-Homing ebenfalls eine relevante Frage dar. So macht für einen Maschinen- und Anlagenbauer die Teilnahme an gleich zwei oder drei der neuen Industrie-Lösungsökosysteme ADAMOS, Open Alliance Industrie 4.0 oder German Edge Cloud aus technologischer und ökonomischer Sicht wenig Sinn, womit frühzeitig eine weitreichende Entscheidung für eines dieser Ökosysteme getroffen werden muss. Aufgrund der doch unterschiedlichen Ansätze und Geschäftsmodelle der jeweiligen Plattformen ist auch hier mehr von einer Ko-Existenz und damit einem förderlichen Wettbewerb der Lösungsökosysteme als von der zukünftigen „einen" Industrielösung auszugehen.

5.4.3 Disintermediation

Ein weiteres Problem, das Orchestratoren vor allem von Transaktionsökosystemen im Hinblick auf ihr nachhaltiges Bestehen lösen müssen, ist die sog. „Disintermediation" (vgl. Zhu & Iansiti, 2019, S. 123; Dexheimer & Lechner, 2019, S. 318). Mit diesem Ausdruck wird das Phänomen bezeichnet, dass sich Marktseite A und Marktseite B direkt miteinander verbinden und für ihre Transaktion das betreffende Ökosystem umgehen.

> „Käufer und Verkäufer, die über die Plattform zueinander gefunden haben, werden naturgemäß versuchen, die anschließenden Transaktionen, sofern möglich, außerhalb dieses Umfeldes vorzunehmen, um so die anfallenden Gebühren zu sparen." (Parker et al., 2017, S. 123)

Die beiden Marktseiten nutzen das Transaktionsökosystem in diesem Fall nur für die erste Transaktion und treten für allfällige zukünftige Interaktionen direkt miteinander in Verbindung. Disintermediation macht ein Transaktionsökosystem über kurz oder lang redundant und entzieht ihm so nicht nur seinen Existenzzweck, sondern auch seine Existenzgrundlage.

Es ist für Transaktionsökosysteme nicht einfach, sich vor Disintermediation zu schützen. In der Praxis lassen sich jedoch folgende drei Maßnahmen beobachten:

Transaktionsökosysteme können z. B. Nutzungsbedingungen aufstellen, die es registrierten Nutzern verbieten, Transaktionen abseits der Plattform durchzuführen. So beinhalten z. B. die allgemeinen Geschäftsbedingungen der Schweizer Handelsplattform „Ricardo" einen Passus, nach dem in Angeboten bzw. Anzeigen, aber auch im Rahmen sonstiger Interaktionen (z. B. Bewertungen oder der Frage-und-Antwort-Funktion) weder direkt noch indirekt zu Vertragsabschlüssen außerhalb des Marktplatzes aufgefordert werden darf.

Alternativ oder zusätzlich dazu verfolgen gewisse Plattformbetreiber (wie z. B. Airbnb) den Ansatz, „den Parteien den Austausch vollständiger Kontaktinformationen zu verbieten bzw. erst nach Zahlung einer Transaktionsgebühr zuzulassen" (Dexheimer & Lechner, 2019, S. 318). Hierzu muss der Orchestrator dem Kunden sämtliche Informationen bereitstellen, die dieser benötigt, „um eine Entscheidung bezüglich der durchzuführenden Interaktion treffen zu können, ohne sich mit dem Anbieter in Verbindung setzen zu müssen" (Parker et al., 2017, S. 123 f.). Bei diesem Ansatz ist aber insofern Vorsicht geboten, dass eine zu komplizierte bzw. mühsame Nutzung der Transaktionsplattform Nutzer dazu verleiten könnte, auf andere Plattformen auszuweichen.

Eine dritte Option zum Umgang mit Intermediation ist es, zusätzliche Funktionen und Services anzubieten, die den Nutzen der

Transaktionsabwicklung über die Plattform erhöhen. Hierzu gehört z. B. das Angebot von Versicherungs-, Zahlungstreuhand- oder Transportdienstleistungen. Diese Mittel sind jedoch unter Umständen kostenintensiv und auch nicht unbegrenzt wirksam, da sie mit zunehmendem Vertrauen zwischen zwei Transaktionspartnern an Bedeutung verlieren.

> **Beispiel für Verhinderung von Disintermediation: KPMG Matchmaker-Plattform für Unternehmenstransaktionen, Wachstumsfinanzierung und Immobilientransaktionen**
>
> Ein typisches Beispiel für eine Transaktion, die im Lebenszyklus eines mittelständischen Unternehmens relativ selten auftritt, dafür mit höchster Vertraulichkeit, Seriosität und Prozessqualität durchgeführt werden muss, ist der Kauf und Verkauf eines Unternehmens. Da die öffentliche Bekanntmachung solch eines Vorhabens – allein schon, um sich nicht den Ruf und den Preis kaputt zu machen – keinen Sinn macht, sind einschlägige Plattformen für diskrete Transaktionsanbahnungen aufgekommen. Ein Beispiel hierfür ist die Matchmaker-Plattform von KMPG. Nicht jedes Unternehmen möchte gleich einem spezialisierten Merger & Akquisition-Begleiter (M&A) einen Suchauftrag geben, sondern mit geringeren Transaktionskosten ins Ziel kommen oder zumindest den Markt testen. Hierfür kann es sich bei der Matchmaker-Plattform von KMPG registrieren. In der folgenden Abbildung sind die vier dazugehörigen Prozessschritte sowie das M&A-Ökosystem aus Sicht von KPMG dargestellt. Siehe auch Abbildung „Ökosystem und Funktionsweise der KPMG-Matchmaker-Plattform" (KPMG, 2021).
>
>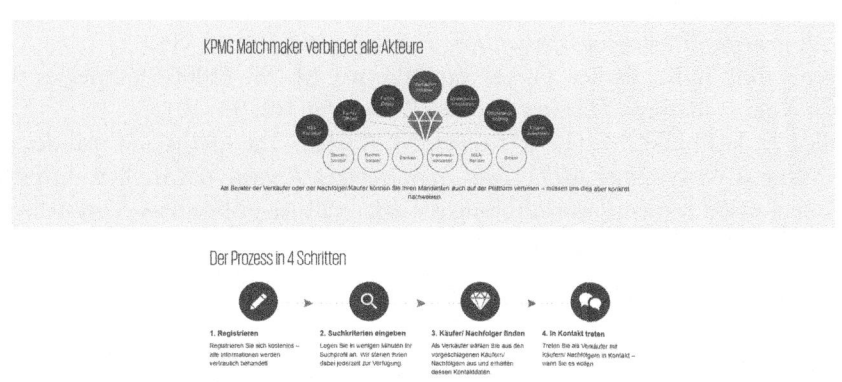
>
> Ökosystem und Funktionsweise der KPMG-Matchmaker-Plattform (KPMG, 2021)

Die hier relevante Disintermediation und auch die missbräuchliche Nutzung der Plattform wird durch einen konsequent überprüften Offenlegungsprozess der Daten der jeweiligen Interessenten erreicht. Die eindeutig identifizierbaren Personalien und die wirtschaftliche Berechtigung sind nachzuweisen und werden geprüft. Zwar verlangt KPMG für diesen Vermittlungsservice keine Provision, hat aber ein berechtigtes Interesse daran, selbst seine professionellen Dienstleistungen den potenziellen Transaktionspartnern anzubieten. Durch den Offenlegungsprozess ist eine Disintermediation nicht mehr möglich und KPMG kann seine Dienstleistungen zumindest offerieren.

Literatur

Alves, C., Oliveira, J., & Jansen, S. (2018). Understanding governance mechanisms and health in software ecosystems: A systematic literature review. In S. Hammoudi, M. Smiałek, O. Camp, & J. Filipe (Hrsg.), *Enterprise Information Systems: 19th International Conference, ICEIS 2017, Porto, Portugal, April 26–29, 2017, Revised Selected Papers* (S. 517–542). Springer (Lecture Notes in Business Information Processing (LNBIP), Volume 321).

Cusumano, M. A., Gawer, A., & Yoffie, D. B. (2019). *The business of platforms. Strategy in the age of digital competition, innovation, and power.* Harper Collins.

Dexheimer, M. J., & Lechner, C. (2019). Ökosystem-basierte Wettbewerbsstrategien. *Die Unternehmung, 73*(4), 308–321.

Dietl, H. (2010). Erfolgsstrategien im Plattformwettbewerb. *Schmalenbachs Zeitschrift für betriebswirtschaftliche Forschung, 62*(10), 63–83.

Eisenmann, T. R., Parker, G., & van Alstyne, M. W. (2006). Strategies for two-sided markets. *Harvard Business Review, 84*(10), 92–101.

Fuller, J., Jacobides, M. G., & Reeves, M. (2019). The myths and realities of business ecosystems. *MIT Sloan Management Review, 60*(3), 1–9. https://sloanreview.mit.edu/article/the-myths-and-realities-of-business-ecosystems.

Iansiti, M. (2005). Managing the ecosystem. *Optimize, 4*(2), 55–58.

Iansiti, M., & Levien, R. (2004). Strategy as ecology. *Harvard Business Review, 82*(3), 68–78.

Jacobides, M. G., Cennamo, C., & Gawer, A. (2018). Towards a theory of ecosystems. *Strategic Management Journal, 39*(8), 2255–2276.

Lechner, C., & Dexheimer, M. J. (2019). Ökosysteme: Eine neue Strategie im digitalen Zeitalter? *OrganisationsEntwicklung: Zeitschrift für Unternehmensentwicklung und Change Management, 3*, 38–43.

Lewrick, M. (2021). *Business Ökosystem Design: Ein Paradigmenwechsel in der Gestaltung von Geschäftsmodellen und Wachstum.* Lewrick & Company.

Müller-Stewens, G., & Stonig, J. (2019). Unternehmens-Ökosysteme und Plattformen: Auf dem Weg zu einem geteilten Verständnis. *Die Unternehmung, 73*(4), 374–380.

Parker, G. G., Alstyne, M. W. V., & Choudary, S. P. (2017). *Die Plattform-Revolution – Von Airbnb, Uber, PayPal und Co. lernen: Methoden und Strategien für Unternehmen und Start-ups – Wie neue Plattform-Geschäftsmodelle die Wirtschaft verändern.* Übersetzung aus dem Amerikanischen von Knut Lorenzen. mitp.

Pidun, U., Reeves, M., & Schüssler, M. (2019). *Do you need a business ecosystem?* Boston Consulting Group & BCG Henderson Institute. Letzter Zugriff am 21.06.2021 über https://www.bcg.com/en-ch/publications/2019/do-you-need-business-ecosystem.

Pidun, U., Reeves, M., & Schüssler, M. (2020). *Designing business ecosystems.* Boston Consulting Group & BCG Henderson Institute. Letzter Zugriff am 21.06.2021 über https://www.bcg.com/en-ch/publications/2020/how-do-you-design-a-business-ecosystem und https://bcghendersoninstitute.com/how-do-you-design-a-business-ecosystem-12f059631bc4.

Pidun, U., Reeves, M., & Knust, N. (2021). *How do you manage a business ecosystem?* Boston Consulting Group & BCG Henderson Institute. Letzter Zugriff am 21.06.2021 über https://www.bcg.com/en-ch/publications/2021/how-to-manage-business-ecosystem.

Reeves, M., Lotan, H., Legrand, J., & Jacobides, M. G. (2019). How business ecosystems rise (and often fall). *MIT Sloan Management Review, 60*(4), 1–6. Letzter Zugriff am 21.06.2021 über https://sloanreview.mit.edu/article/how-business-ecosystems-rise-and-often-fall.

Reillier, L. C., & Reillier, B. (2017). *Platform strategy: How to unlock the power of communities and networks to grow your business.* Routledge.

Rogers, D. L. (2016). *The digital transformation playbook. Rethink your business for the digital age.* Columbia Business School Publishing.

Teece, D. J. (2018). Business ecosystems. In M. Augier & D. J. Teece (Hrsg.), *The Palgrave encyclopedia of strategic management* (Bd. 1: A-L, S. 151–154). Palgrave Macmillan.

Tiwana, A. (2014). *Platform ecosystems: Aligning architecture, governance, and strategy.* Morgan Kaufmann/Elsevier.

Zhu, F., & Iansiti, M. (2019). Why some platforms thrive and others don't. *Harvard Business Review, 97*(1), 119–125.

Internetquellen

quitt. (2021). *Die Vision von quitt. und der ServiceHunter AG.* Letzter Zugriff
    am 21.06.2021 über https://quitt.ch/ueber-quitt-geschichte-und-vision.
KPMG. (2021). *KPMG Matchmaker Eine der führenden Plattformen für Unter-*
    nehmensverkäufe, Wachstumsfinanzierung und Immobilientransaktionen.
    Letzter Zugriff am 21.06.2021 über https://atlas.kpmg.de/matchmaker.

6

Ertragsmechanik: Monetarisierung von Ökosystemen

Zusammenfassung Ökosysteme sollten nicht nur Nutzen stiften, sondern auch finanziell nachhaltig sein, d. h. Wertschöpfung und Gewinn erzielen. Das folgende Kapitel beschäftigt sich entsprechend mit der Frage der Monetarisierung eines Ökosystems und legt dar, welche grundlegenden Optionen Ökosystem-Orchestratoren im Hinblick auf die Ausgestaltung der Ertragsmechanik ihres Ökosystems offenstehen.

Auch wenn dies anstrengend und herausfordernd genug ist, so reicht es nicht aus, ein Ökosystem „nur" zum Laufen bringen. Das Ökosystem muss auch finanziell nachhaltig sein, d. h. Wertschöpfung und Gewinn erzielen. Da die Aufwandseite von Ökosystem zu Ökosystem variiert und es schwer ist, für diesen Bereich allgemeingültige Aussagen und Empfehlungen zu geben, fokussieren sich die nachfolgenden Ausführungen auf die Ertragsseite. Was also ist also bei der nachhaltigen Monetarisierung von Ökosystemen zu berücksichtigen? Welche Optionen stehen Orchestratoren im Hinblick auf die Ausgestaltung der Ertragsmechanik ihres Ökosystems offen?

© Der/die Autor(en), exklusiv lizenziert durch Springer Fachmedien Wiesbaden GmbH, ein Teil von Springer Nature 2021

C. Erk und C. Müller, *Unternehmens-Ökosysteme*,
https://doi.org/10.1007/978-3-658-35359-9_6

Die Antwort auf diese Frage hängt nicht zuletzt davon ab, ob wir es mit einem Lösungs- oder Transaktionsökosystem zu tun haben. Je nach Ökosystemtyp stehen den Orchestratoren grundsätzlich folgende Möglichkeiten zur Monetarisierung zur Verfügung (vgl. Pidun et al., 2020; Cusumano et al., 2019, S. 78 ff.; Parker et al., 2017, S. 122 ff.; Reillier & Reillier, 2017, S. 141 ff.):

- Der Orchestrator eines Lösungsökosystems kann als naheliegendste Option der Monetarisierung seines Ökosystems zunächst Erlöse durch den Verkauf seiner Kernleistung an die Kunden des Ökosystems verdienen. Er kann zusätzliche Erlöse generieren, indem er Komplementären Gebühren für den Zugang zur Plattform, Lizenzgebühren und/oder eine Umsatzbeteiligung auferlegt oder ihnen zusätzliche Mehrwert schaffende Leistungen anbietet.
- Die Orchestratoren von Transaktionsökosystemen haben folgende grundsätzliche Optionen zur Monetarisierung ihres Ökosystems: Sie können zum einen Zugangsgebühren erheben, sei es in Form von Gebühren für den Zugang zur Plattform, von erweiterten Zugangsgebühren für Anbieter (z. B. für den Zugang zu einer bestimmten Kundengruppe) oder Kuratierungsgebühren für Nutzer, die bereit sind, für garantierte Qualität zu zahlen. Zusätzlich zu diesen Zugangsgebühren können Orchestratoren Gebühren für die Nutzung erweiterter Leistungen verrechnen, z. B. über Gebühren pro Inanspruchnahme einer Zusatzfunktion oder das Anbieten eines Premium Accounts (Freemium), der – unabhängig davon, ob sie genutzt werden oder nicht – einige standardmäßige Zusatzfunktionen freischaltet. Des Weiteren kann der Orchestrator Transaktionsgebühren erheben, sei es in Form eines festen Betrags pro Transaktion oder eines Prozentsatzes des Transaktionsvolumens.
Neben diesen direkten Formen der Monetarisierung eines Transaktionsökosystems kann der Orchestrator dieses auch indirekt „über die Schaltung zielgerichteter Werbung" (Dexheimer & Lechner, 2019, S. 315) monetarisieren. Eine weitere Form der indirekten

Monetarisierung ist die Generierung von Zusatzkäufen in Form von Cross-Selling und Up-Selling an bestehende Nutzer. Um hierbei effektiv zu sein, „muss das Unternehmen die Bedürfnisse der Nutzer nahezu in Echtzeit verstehen, um relevante Empfehlungen abzugeben" (Dexheimer & Lechner, 2019, S. 315). Dies ist möglich über eine sog. Single-User-Feedbackschleife: „Dabei kommt ein in die Plattforminfrastruktur integrierter Algorithmus zum Einsatz, der die Aktivitäten eines Users analysiert, daraus Rückschlüsse auf dessen Interessen, Vorlieben und Bedürfnisse zieht und dementsprechende neue Werteinheiten und Kontakte empfiehlt, die dieser User aller Wahrscheinlichkeit nach als wertvoll erachtet." (Parker et al., 2017, S. 55; vgl. Müller-Stewens & Stonig, 2019, S. 7)[1]

Wie weit der Orchestrator bei der Monetarisierung seines Ökosystems gehen kann, hängt unter anderem von der Existenz alternativer Ökosysteme und den Wechselkosten ab, die Nutzer gewärtigen müssen, wenn sie das Ökosystem wechseln. Je höher diese Kosten sind, desto höhere Gebühren kann der Orchestrator durchsetzen.

Der Orchestrator muss sich jedoch nicht nur mit den Ertragsquellen und der Höhe der Erträge auseinandersetzen, sondern muss zudem folgende wichtige Frage beantworten: Von wem sollen die Erträge kommen? Auf diese Frage gibt es folgende Antworten (vgl. Parker et al., 2017, S. 129 ff.; Pidun et al., 2020)

- Von allen Nutzern Gebühren erheben.
- Von einer Marktseite Gebührenzahlungen verlangen und die andere Marktseite subventionieren.
- Von den meisten Nutzern den vollen Preis verlangen und „Stars" subventionieren.

---

[1] Im Gegensatz zu einer Single-User-Feedbackschleife werden bei einer Multi-User-Feedbackschleife „relevante User über die Aktivitäten eines Anbieters benachrichtigt, der dann im Gegenzug seinerseits über deren Reaktionen informiert wird. Im Idealfall entsteht auf diese Weise eine Rückkopplung, die Aktivitäten auf beiden Seiten fördert und letztendlich die Netzwerkeffekte verstärkt." (Parker et al., 2017, S. 55).

- Von den meisten Nutzern die volle Gebühr verlangen und preissensible User subventionieren.

Und zu guter Letzt muss der Orchestrator auch noch die Frage beantworten, ab wann Gebühren erhoben werden. Ihm stehen hierfür drei Optionen offen: Er kann Gebühren von Beginn an erheben, zuerst in einer kostenlosen Version eine kritische Masse an Nutzern aufbauen und zu einem späteren Zeitpunkt Gebühren einführen, oder Nutzer während einer „trial period" temporär von der Zahlung von Gebühren befreien. Zweitere Option ist insofern riskant, da sie die Gefahr birgt, dass die Nutzer, die die Plattform bisher kostenfrei nutzen konnten, die Plattform bei der Einführung von Gebühren verlassen. Der Schritt „from free to fee" sollte sich nach Parker et al. (2017, S. 133) an folgenden Grundregeln orientieren:

- Sofern möglich, sollten keine Gebühren für Mehrwerte erhoben werden, die Nutzern vorher kostenlos zur Verfügung standen.
- Es sollte vermieden werden, den Zugang zu Mehrwerten einzuschränken, an die sich die Nutzer gewöhnt haben.
- Der Übergang von kostenlos zu kostenpflichtig sollte mit Schaffung eines Mehrwerts (z. B. neue Funktionen) einhergehen, der aus Sicht der Nutzer den Preis rechtfertigt: „This will help balance out the 'longterm equation' for the customer and avoid the feeling that they've been 'duped'." (Reillier & Reillier, 2017, S. 149)

Wie lässt sich angesichts dieser vielen Optionen die richtige Monetarisierungsstrategie für ein Ökosystem finden? Hier gibt es keine allgemeingültige Antwort und manchmal bedarf es auch etwas Trial-and-Error, um ein Gespür für die Preiselastizitäten seiner Nutzer zu entwickeln und diejenigen Nutzer mit der höchsten Zahlungsbereitschaft zu identifizieren.

Grundsätzlich sollten die obigen Optionen jeweils dahingehend befragt werden, ob sie die strategischen Ziele des Orchestrators befördern oder behindern. So kann z. B. das Bemühen um möglichst schnelle Expansion nicht mit Zugangsgebühren, sondern eher mit Transaktionsgebühren oder einem Freemium-Ansatz unterstützt werden. Die Zahl der Transaktionen kann im Gegensatz dazu mit Mitgliedschaftsgebühren befördert werden, während Transaktionsgebühren hier allenfalls eher hinderlich sind.

Beispiel für einen Ertragsmechanismus am Beispiel des Beirats-Ökosystems Beirat-BW e. V.

„Eine Initiative qualifizierter Beiräte und Aufsichtsräte für den Mittelstand in Baden-Württemberg", so bezeichnet der Verein Beirat-BW seine Mission. Im Mittelpunkt der Aktivitäten dieses Vereins steht die Qualifikation von Vermittlung von Beiräten für mittelständische Unternehmen. Diese sich meist in Familienbesitz befindlichen Unternehmen sind in Deutschland meist in der Rechtsform von Personengesellschaften oder Gesellschaften mit beschränkter Haftung organisiert. Damit verbunden ist häufig das Fehlen eines unabhängigen und professionellen Kontrollorgans wie eines Aufsichtsrats bei einer Aktiengesellschaft. Als pragmatische und bei geeigneter Ausgestaltung auch wirksame Alternative bietet sich die Einrichtung eines Beirats in solchen Unternehmen an. Diese Idee zu fördern und deren Umsetzung zu verbreitern ist kurzgefasst das Ziel dieses Vereins, der ehrenamtlich geführt wird.

Der Verein Beirat-BW e. V. drückt dies wie folgt aus: „Baden-Württemberg ist das Bundesland mit den erfolgreichsten kleinen und mittelständischen Unternehmen in Deutschland. Einige von ihnen sind eigentümergeführt, manche in der dritten oder vierten Generation. Doch vielen dieser Unternehmen fehlt es an Unterstützung durch einen qualifizierten Beirat. Die Initiative Beirat-BW e. V. hat sich daher mit einem stetig wachsenden Team aus Mitgliedern folgenden Aufgaben angenommen:

• Bewusstsein schaffen: Das Thema „Beirat" bzw. die Einrichtung eines Beiratsgremiums ist bei vielen kleinen und mittelständischen Unternehmen bislang noch nicht Teil der Agenda. Dies möchte Beirat-BW ändern und ein größeres Bewusstsein für den Mehrwert eines qualifizierten Beirats – insbesondere im Mittelstand – schaffen.

• Ausbilden und qualifizieren: Beiratätigkeiten sind vielseitig und oftmals fehlt es an Transparenz bezüglich des Inhalts, Nutzens und Aufwands einer solchen Aufgabe. Um als potenzieller Beirat fit für Beiratsmandate zu sein und als Unternehmer*in auf Kompetenz und Qualifizierung vertrauen zu können, bildet Beirat-BW zukünftige Beiräte und Aufsichtsräte aus. In einer dreitätigen Schulung klären hochkarätige Referenten zu verschiedenen Beiratsthemen auf. Die anschließende Zertifizierung qualifiziert die Kursteilnehmer für ihre Tätigkeiten als Beirat.

• Qualifizierte Beiräte zur Verfügung stellen: Jedes Beirat-BW-Mitglied steht als qualifizierter und zertifizierter Beirat für Beiratsmandate zur Verfügung. Jeder von ihnen bringt langjährige Erfahrung aus unterschiedlichen Branchen, Märkten und Regionen mit. Durch die individuellen Schwerpunkte der einzelnen Mitglieder, kann auf ein leistungsfähiges Team zurückgegriffen werden. So unterstützt Beirat-BW je nach unternehmerischer Herausforderung stark und kompetent." (Beirat-BW, 2021)

Der Ertragsmechanismus des Vereins basiert auf vier Säulen: Erstens der jährliche Mitgliedsbeitrag für Private, die sich für die Vermittlung als Beirat qualifizieren und zur Verfügung stellen wollen; zweitens der jährliche Fördermitgliedsbeitrag für Unternehmen, die den Verein ideell unterstützen wollen; drittens die Teilnahmegebühr für die zweimal jährlich stattfindende Qualifizierungsschulung mit Abschlussprüfung sowie viertens eine über einen bestimmten Zeitraum an den Verein zu entrichtende Vermittlungsgebühr im Falle einer erfolgreichen, nachweislichen Vermittlung über den Verein für eine Beiratsposition. Die Gründung des Vereins erfolgte durch Vorauskasse und Gratisleistungen der Gründungsmitglieder. Das Ziel ist aber ein sich selbst tragender Betrieb, der auch die Möglichkeiten zu Investitionen in beiratsspezifische Projekte und damit den Aufbau eines Ökosystems/einer Plattform von Themen und Aktivitäten rund um das Thema Beirat erlaubt.

Literatur

Cusumano, M. A., Gawer, A., & Yoffie, D. B. (2019). *The business of platforms. Strategy in the age of digital competition, innovation, and power.* Harper Collins.

Dexheimer, M. J., & Lechner, C. (2019). Ökosystem-basierte Wettbewerbsstrategien. *Die Unternehmung, 73*(4), 308–321.

Müller-Stewens, G., & Stonig, J. (2019). Digitale Transformation: Werttreiber beim Aufbau plattformbasierter Ökosysteme in etablierten Unternehmen. *Controlling: Zeitschrift für erfolgsorientierte Unternehmenssteuerung, 31*(6), 4–10.

Parker, G. G., Van Alstyne, M. W., & Choudary, S. P. (2017). *Die Plattform-Revolution – Von Airbnb, Uber, PayPal und Co. lernen: Methoden und Strategien für Unternehmen und Start-ups – Wie neue Plattform-Geschäftsmodelle die Wirtschaft verändern.* Übersetzung aus dem Amerikanischen von Knut Lorenzen. mitp.

Pidun, U., Reeves, M., & Schüssler, M. (2020). *Designing business ecosystems.* Boston Consulting Group & BCG Henderson Institute. Letzter Zugriff am 21.06.2021 über https://www.bcg.com/en-ch/publications/2020/how-do-you-design-a-business-ecosystem und https://bcghendersoninstitute.com/how-do-you-design-a-business-ecosystem-12f059631bc4.
Reillier, L. C., & Reillier, B. (2017). *Platform strategy: How to unlock the power of communities and networks to grow your business.* Routledge.

Internetquellen

Beirat-BW. (2021). *Beirat-BW. Eine Initiative qualifizierter Beiräte und Aufsichtsräte für den Mittelstand in Baden-Württemberg.* Letzter Zugriff am 21.06.2021 über https://www.beirat-bw.de.

7

Der Lebenszyklus von Ökosystemen

Zusammenfassung Das siebte und letzte Kapitel betrachtet Ökosysteme in ihrer zeitlichen Dimension und beschreibt den Lebenszyklus,
den Ökosysteme in ihrem „Werden und Vergehen" typischerweise
durchlaufen. Es beschreibt in diesem Zusammenhang des Weiteren vier
Gruppen von Ökosystemen, wie sie sich anhand ihrer Position bzw.
ihres Entwicklungspfads im Ökosystem-Lebenszyklus unterscheiden
lassen.

Wie Produkte (Produktlebenszyklus), Märkte (Marktlebenszyklus) und
Unternehmen (Unternehmenslebenszyklus) weisen auch Ökosysteme
einen Lebenszyklus auf. Sie entstehen und vergehen – und sie tun dies
in idealtypischen Phasen.

© Der/die Autor(en), exklusiv lizenziert durch Springer Fachmedien Wiesbaden
GmbH, ein Teil von Springer Nature 2021
C. Erk und C. Müller, *Unternehmens-Ökosysteme,*
https://doi.org/10.1007/978-3-658-35359-9_7

7.1   Der Lebenszyklus von Ökosystemen

Die klassische Unterscheidung der Phasen des Ökosystemlebenszyklus geht zurück auf Moore (1993), der innerhalb dieses Lebenszyklus vier Phasen unterscheidet:[1]

- Birth
- Expansion
- Leadership
- Self-Renewal.

Jede Phase dieses vierstufigen Ökosystemlebenszyklusmodells ist durch bestimmte Merkmale gekennzeichnet (vgl. Moore, 1993, 1996; Reillier & Reillier, 2017), die im Folgenden näher erläutert werden. Während die Unterscheidung in vier Phasen den Eindruck vermittelt, dass es sich um distinkte Entwicklungsstufen handelt, verschwimmen die Grenzen zwischen diesen in der Realität.

In der **Geburtsphase („Birth")** wird das Ökosystem designed, d. h. in seinen wesentlichen Merkmalen definiert. Es geht vor allem darum, die Mission und Vision und damit die Idee des Ökosystems zu schärfen. Wesentliche Grundlage hierfür ist die strukturierte Auseinandersetzung mit dem Nutzenversprechen, d. h. der Joint Value Proposition, mit dem das Ökosystem um Beteiligung werben möchte. In Bezug auf diese Überlegungen nimmt der Orchestrator des Ökosystems eine zentrale Rolle ein. Um die Relevanz der Joint Value Proposition sicherzustellen, sollte der Orchestrator diese jedoch nicht allein, sondern im Austausch mit potenziellen Ökosystempartnern und Kunden entwickeln. Hierzu gilt es zunächst, den möglichen Markt hinsichtlich seines Potentials abzuschätzen und attraktive Lead-Teilnehmer zu identifizieren.

---

[1] Autoren wie Reillier und Reillier (2017, S. 73 ff.) unterscheiden ebenfalls zwischen vier Lebenszyklusphasen, bezeichnen diese jedoch leicht anders als „Pre-launch", „Ignition", „Scaling-up" und „Maturity". Besieht man sich ihren Inhalt etwas genauer, so scheint die zweite dieser Phasen im Grunde zwischen die beiden Moore'schen Phasen „Birth" und „Expansion" zu fallen.

> „The importance of this stage cannot be overstated since all the aspects of the business need to be broadly developed or hypothesized during this design phase. [...] Questions to be addressed at this stage include the identification of the key stakeholders, the value proposition offered to them and a broad sizing of the market opportunity. " (Reillier & Reillier, 2017, S. 74)

In dieser Lebenszyklusphase beginnt der Orchestrator – in Abhängigkeit der hierfür gewählten Strategie zum Umgang mit dem Henne-Ei-Problem (vgl. Abschn. 5.4.1) – entsprechend auch mit der Einbindung wesentlicher Komplementoren bzw. dem Aufbau der Marktseiten A und B. Entscheidend hierbei ist es, die sog. „Early Adopters" auf beiden Marktseiten ausfindig zu machen, die sich an der Verwirklichung des Nutzenversprechens beteiligen bzw. dieses einlösen wollen. Des Weiteren werden in dieser Phase auch die wesentlichen Stakeholder identifiziert und analysiert sowie die initialen Festlegungen zu einer für alle Beteiligten vertrauensstiftenden Governance des Ökosystems getroffen. Unabdingbarer Bestandteil dieser ersten Phase ist zudem die Sicherstellung der finanziellen Mittel und der Liquidität, die den Aufbau des Ökosystems möglich machen.

Auch wenn der Fokus der ersten Phase nicht so sehr auf technologischen Fragen, sondern der Joint Value Proposition des Ökosystems liegt, so fällt auch das Prototyping und die Entwicklung einer allenfalls zu nutzenden Plattform natürlich ebenfalls in diese Phase. Auch wenn es hierfür keine allgemeingültige Zeitangabe gibt, so sollte der Orchestrator nicht zu lange in der ersten Phase und bei der Optimierung des Prototyps verweilen, denn „the best type of feedback is market feedback and the cost of experimentation keeps going down" (Reillier & Reillier, 2017, S. 77). Am Ende der Geburtsphase steht also das „going live" des Angebots und der Plattform in Form eines sog. „minimal viable products", dessen Marktfähigkeit dann auch praktisch getestet werden kann.

Die *zweiten Lebenszyklusphase („Expansion")* zeichnet sich durch Wachstum des Ökosystems aus. Es geht hier vor allem um den Aufbau von Marktanteilen in bestehenden Märkten, aber mittelfristig auch um die Expansion in neue Märkte. Da Ökosysteme auf dem Spielen von Netzwerkeffekten beruhen, gilt es, möglichst schnell eine kritische Masse an Ökosystem-Teilnehmern aufzubauen und so die relevante Netzwerkeffektschwelle zu knacken. Zu diesem Zweck können sich Ökosysteme der einschlägig bekannten Instrumente zum Aufbau von Märkten bzw. der Akquise und Retention sowie der Markenführung bedienen. Vor allem in Transaktionsökosystemen sollte zudem darauf geachtet werden, dass sich die beiden Marktseiten zumindest mittelfristig im Gleichschritt entwickeln.

Unterlegt werden sollte die Expansion durch die Definition für das jeweilige Ökosystem geeigneter Kennzahlen, mit denen sich der Wachstumspfad des Orchestrator, der Plattform und des Ökosystems nachverfolgen und steuern lässt. Quantitatives Wachstum ist letzten Endes immer auch mit qualitativem Wachstum verbunden; entsprechend sollte das Nutzenversprechen weiter verfeinert und die angebotenen Leistungen im Austausch mit Kunden und Partnern stetig verbessert werden.

Das von einem Ökosystem erzielte Wachstum ist jedoch nur dann nachhaltig, wenn nicht nur der Orchestrator, sondern auch die Komplementoren (in einem Lösungsökosystem) bzw. die Marktseite A (in einem Transaktionsökosystem) mit dem Orchestrator gemeinsam wachsen können. Ökosysteme haben nur dann Bestand, wenn sie nicht nur Wert schöpfen, sondern dieser auch angemessen zwischen allen Beteiligten verteilt wird. Parallel zur Expansion sollte auch eine Kultur des Vertrauens zwischen den Ökosystem-Partnern wachsen. Zudem ist auch die finanzielle Situation dahingehend im Auge zu behalten, dass der Orchestrator ausreichend Liquidität besitzt, um die qualitative Weiterentwicklung der Plattform, die Steigerung der „Customer Experience" und die Expansion voranzutreiben.

Die Expansionsphase hat auch eine wettbewerbliche Dimension, bei der es darum geht, sich gegen konkurrierende Ökosysteme durchzusetzen und diese – wettbewerbsrechtlich legal – aus dem Feld zu schlagen. Der Erfolg eines Ökosystems in dieser Phase hängt von der Skalierbarkeit seines Konzepts der Nutzenstiftung ab. Eine hohe Skalierbarkeit ist nicht zuletzt deswegen wichtig, da bereits etablierte Unternehmen oder Ökosysteme die Expansionsbestrebungen eines neuen

Ökosystems nicht nur behindern, sondern auch unterbinden können, indem sie ihre Marketing- und Vertriebsmacht sowie ihre Fähigkeiten im Management auch großflächiger Leistungserstellungsprozesse zu ihren Gunsten ausspielen.

In der dritten Phase des Ökosystem-Lebenszyklus, der sog. *Leadership-Phase,* treten Ökosysteme in eine Phase der Konsolidierung und Stabilisierung ein. In dieser Phase hat das Ökosystem einen Reifegrad erreicht, der sich durch eine stabile Kooperation der Ökosystem-Partner und etablierte Prozesse auszeichnet. Der Orchestrator hat in dieser Phase die besondere Aufgabe dafür zu sorgen, dass sich die Ökosystem-Partner gemeinsam in die gleiche Richtung entwickeln. Dies geschieht durch die Reflexion und Adaption der dem Ökosystem zugrunde liegenden Governance-Regeln und der stringenten Sanktionierung von Fehlverhalten.

Die Herausforderung für den Orchestrator eines Ökosystems besteht des Weiteren darin, sich nicht auf der erreichten Marktposition auszuruhen, sondern die gewachsenen Strukturen und Prozesse stetig zu optimieren und zu stabilisieren – und vor allem auch die fortgesetzte Innovationsfähigkeit des Ökosystems durch geeignete Maßnahmen sicherzustellen.

Während der Fokus der Expansionsphase eindeutig auf dem Thema Akquise lag, verschiebt sich dieser in der Leadership-Phase auf die Retention der gewonnenen Kunden und Partner. Die Beziehung des Orchestrators zu den anderen Ökosystem-Teilnehmern (v. a. den Komplementoren in einem Lösungsökosystem bzw. den Anbietern in einem Transaktionsökosystem) gewinnt in dieser Phase nochmals mehr an Bedeutung als ohnehin schon. Nachdem die ursprüngliche Vision allenfalls im Rahmen der Expansionsphase erfüllt worden ist, sollte der Orchestrator die Motivation zur weiteren Mitwirkung im Ökosystem durch die Entwicklung einer neuen, klaren Vision aufrechterhalten und so der Abwanderung in konkurrierende Ökosysteme vorbeugen.

In der vierten Phase des Ökosystemlebenszyklus besteht die Herausforderung für das nun reife Ökosystem darin, einer möglichen Bedrohung durch neu entstehende Ökosysteme mit attraktiven Nutzenversprechen, technologischen Innovationen oder signifikanten Umwälzungen und Veränderungen in der Umwelt des Ökosystems (z. B. in Bezug auf staatliche Regulierungen und sozio-demografische

Entwicklungen) Rechnung zu tragen und seine Relevanz zu erhalten. Diese Veränderungen können nur erkannt werden, wenn der Orchestrator des Ökosystems sich um eine ständige Analyse der Entwicklungen in der Umwelt des Ökosystems bemüht. Neben der Nutzung eines Trendradars ist vor allem auch der kontinuierliche Austausch mit den Kunden des Ökosystems von Bedeutung.

Treten neue ernstzunehmende Wettbewerber an oder verändert sich die Umwelt substanziell, gibt es zwei mögliche Reaktionen auf diese Herausforderungen: Selbsterneuerung oder Tod des Ökosystems. Nimmt ein Ökosystem die Herausforderung der zum langfristigen Überleben notwendigen Adaption an, tritt es in die *Phase der Selbsterneuerung* ein, die vor allem vom Orchestrator ein hohes Maß an Transformationskompetenz erfordert. Schafft es ein Ökosystem nicht, sich selbst zu erneuern, mündet die Leadership-Phase in den Tod des Ökosystems. Die Tatsache, dass ein Ökosystem heute groß und erfolgreich ist, schützt es nicht davor, morgen obsolet zu sein.

7.2 Entwicklungspfade von Ökosystemen

In Anlehnung an die vier von Moore vorgeschlagenen Lebenszyklusphasen von Ökosystemen haben Reeves et al. (2019) vier unterschiedliche Entwicklungspfade von Ökosystemen herausgearbeitet (vgl. Abb. 7.1).

Der erste und häufigste Typus von Ökosystem („Never took off") umfasst solche Ökosysteme, die es nicht geschafft haben, sich zu etablieren, d. h. einen Marktanteil von mehr als 50 % zu gewinnen. Gemäß Reeves et al. (2019) nimmt etwa die Hälfte der Ökosysteme diese Entwicklung. Diese Ökosysteme gehen sozusagen direkt nach dem Start bzw. während ihrer Geburts- oder Expansionsphase ein.

Die zweite Gruppe („Won it all – temporarily") umfasst Ökosysteme, die zwar wesentliche Marktanteile gewonnen haben, dann aber innerhalb von sieben Jahren auf die Hälfte dieses Anteils oder weniger zurückgefallen sind. Diese Gruppe lassen sich etwa ein Viertel der von Reeves et al. (2019) untersuchten Ökosysteme zuordnen, darunter u. a. der Webbrowser von Netscape und das Betriebssystem für mobile

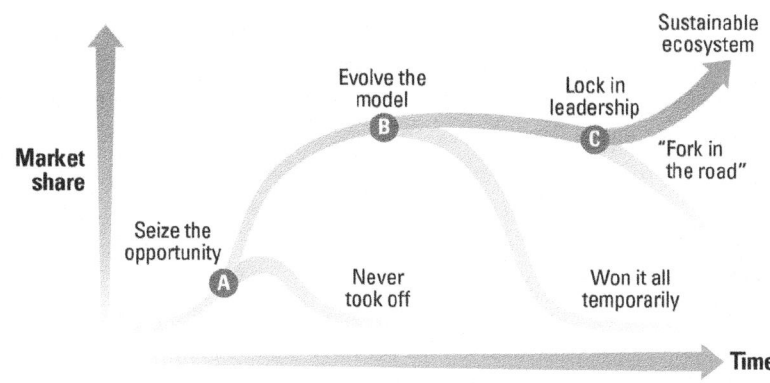

Abb. 7.1 Entwicklungspfade von Ökosystemen (Reeves et al., 2019)

Geräte von Symbian. Das Schicksal dieser ehemaligen Ökosystemstars ist zweigeteilt: Einige sind vom Markt verschwunden; die verbliebenen haben im Durchschnitt nur noch einen geringen Marktanteil (von ca. 10 %). Diese Ökosysteme haben also die Geburts- und Expansionsphase erfolgreich überstanden, dann jedoch in der Leadership- oder Selbsterneuerungsphase eine ungünstige Entwicklung genommen. Dies lag vor allem daran, dass sie es im Gegensatz zu erfolgreichen Ökosystemen nicht geschafft haben, die Funktionalität und/oder Reichweite ihrer Plattform weiterzuentwickeln und das Engagement der Plattformnutzer hochzuhalten.

Auf einem dritten Entwicklungspfad („Fork in the road") befinden sich Ökosysteme, die wie die zweite Gruppe von Ökosystemen sehr erfolgreich waren, diesen Erfolg auch über einen längeren Zeitraum aufrechterhalten, aber in der letzten Zeit begonnen haben, Marktanteile zu verlieren. Bei diesen Ökosystemen stellt sich die Frage, welche zukünftige Entwicklung sie nehmen, d. h. ob sie sich zu Ökosystemen der zweiten Gruppe entwickeln und eingehen oder es schaffen, sich nachhaltig erfolgreich zu entwickeln und so auf den vierten Entwicklungspfad umzuschwenken.

Dieser vierte Entwicklungspfad („Became sustainable") umfasst Ökosysteme, die eine dominante Marktposition aufbauen und diese über einen längeren Zeitraum (im Durchschnitt 23 Jahre) bis heute halten konnten, wie z. B. Microsoft und Amazon. Dieser Gruppe lassen sich 15 % der von Reeves et al. (2019) untersuchten Ökosysteme zurechnen – damit weisen Ökosysteme eine Überlebensrate auf, die ungefähr „the failure rate for small businesses in their first 15 years" (Reeves et al., 2019) entspricht.

Literatur

Moore, J. F. (1993). Predators and prey: A new ecology of competition. *Harvard Business Review, 71*(3), 75–86.

Moore, J. F. (1996). *The death of competition: Leadership and strategy in the age of business ecosystems.* Harper Business.

Reeves, M., Lotan, H., Legrand, J., & Jacobides, M. G. (2019). How business ecosystems rise (and often fall). *MIT Sloan Management Review, 60*(4), 1–6. Letzter Zugriff am 21.06.2021 über https://sloanreview.mit.edu/article/how-business-ecosystems-rise-and-often-fall.

Reillier, L. C., & Reillier, B. (2017). *Platform strategy: How to unlock the power of communities and networks to grow your business.* Routledge.

The manufacturer's authorised representative in the EU is Springer Nature Customer Service Centre GmbH, Europaplatz 3, 69115 Heidelberg, Germany. If you have any concerns regarding our products, please contact ProductSafety@springernature.com

Printed and bound by CPI Group (UK) Ltd, Croydon, CR0 4YY

24/04/2026

02096339-0001